AF461099

ORDONNANCE DU ROI,

Portant règlement pour le payement des Troupes de Sa Majeſté, pendant l'hiver.

Du 20 Février 1757.

A PARIS,
DE L'IMPRIMERIE ROYALE.

M. DCCLVII.

20. Février 1757. 24

ORDONNANCE DU ROI,

Portant règlement pour le payement des Troupes de Sa Majesté, pendant l'hiver.

Du 20 Février 1757.

DE PAR LE ROI.

SA MAJESTE' voulant régler le traitement qui sera fait à ses troupes, tant françoises qu'étrangères, à commencer de l'hiver de 1756 à 1757, a ordonné & ordonne ce qui suit:

ARTICLE PREMIER.

GARDES-FRANÇOISES. Compagnies de Grenadiers.

CHACUNE des trois compagnies de Grenadiers du régiment des Gardes-françoises, composée d'un Capitaine, deux Lieutenans, deux Sous-lieutenans, deux Enseignes, & cent dix hommes, dont six Sergens, trois Caporaux, neuf Anspessades, quatre-vingt-huit Grenadiers, & quatre Tambours, sera payée sur le pied de trois cens soixante livres huit sols par mois au Capitaine, deux cens vingt-cinq livres seize sols huit deniers à chaque Lieutenant, cent dix livres huit sols quatre deniers à chaque Sous-lieutenant, soixante-treize livres six sols huit deniers à chaque Enseigne, quarante livres un sol huit deniers à chacun des cinq premiers Sergens, trente-huit livres quinze sols au sixième Sergent, vingt-deux livres cinq sols à chaque Caporal, dix-neuf livres quinze sols à chaque Anspessade

& Tambour, ſeize livres quinze ſols à chaque Grenadier; pareilles ſeize livres quinze ſols pour la paye du Major, dix livres quinze ſols pour celle du Commiſſaire; & ſeize livres quinze ſols pour chacune des douze payes de gratification que Sa Majeſté accorde au Capitaine, ſa compagnie étant complète de cent dix hommes, huit ſeulement à cent quatre juſqu'à cent neuf, & rien au deſſous dudit nombre de cent quatre hommes.

Payes de gratification.

Compagnies de Fuſiliers.

Chacune des trente compagnies de Fuſiliers, compoſée d'un Capitaine, un Lieutenant, un premier & ſecond Sous-lieutenans, deux Enſeignes, ſix Sergens, trois Caporaux, neuf Anſpeſſades, quatre Tambours, & cent dix-huit Fuſiliers, y compris les quatorze qui ont été mis d'augmentation dans chacune deſdites trente compagnies, par ordonnance du 28 ſeptembre 1756, pour les mettre de cent vingt-ſix à cent quarante hommes, ſera payée ſur le pied par mois, de deux cens cinquante-cinq livres au Capitaine, cent ſoixante-dix livres ſeize ſols huit deniers au Lieutenant, quatre-vingt-cinq livres huit ſols quatre deniers à chacun des premier & ſecond Sous-lieutenans, cinquante-cinq livres à chaque Enſeigne, trente-cinq livres dix-huit ſols quatre deniers à chacun des quatre premiers Sergens, trente-quatre livres quatre ſols deux deniers à chacun des deux autres, dix-huit livres dix-huit ſols quatre deniers à chaque Caporal, dix-ſept livres cinq ſols à chaque Anſpeſſade & Tambour, quatorze livres quinze ſols à chaque Fuſilier; pareilles quatorze livres quinze ſols pour la paye du Major, dix livres quinze ſols pour celle du Commiſſaire; & pareilles dix livres quinze ſols pour chacune des quatorze payes de gratification que Sa Majeſté accorde au Capitaine, ſa compagnie étant complète de cent quarante hommes, les Officiers non compris, n'en devant recevoir que ſept ſa compagnie étant à cent trente-deux juſqu'à cent trente-neuf hommes incluſivement, & rien au deſſous dudit nombre de cent trente-deux hommes; leſdites quatorze payes de gratification ne devant commencer d'être payées

Payes de gratification.

aux Capitaines qu'à compter du premier mars prochain, terme fixé par l'ordonnance du 28 septembre 1756, pour le complet de leurs compagnies à cent quarante hommes; & ils toucheront seulement jusqu'audit jour premier mars, les douze payes de gratification dont ils jouissoient ci-devant.

Il sera payé en outre à chacun des Capitaines trente sols par jour, pour appointer les trente meilleurs Soldats de sa compagnie.

A l'égard des Officiers de l'Etat-major dudit régiment, ils continueront d'être payés de leurs appointemens suivant les états que Sa Majesté en fera expédier. *Etat-major.*

II.

CHACUNE des douze compagnies du régiment des Gardes-suisses, composée de deux cens hommes, les Officiers compris, sera payée à raison de vingt livres six sols par mois pour chaque homme, & pour chacune des trente payes de gratification que Sa Majesté accorde au Capitaine, sa compagnie étant de cent soixante-quinze hommes & au dessus, jusqu'au complet de deux cens hommes: Sa Majesté trouve bon aussi de faire payer au Capitaine la somme de cent quarante-deux livres deux sols par mois, pour appointer les Porte-outils, & les plus anciens & apparens Soldats de sa compagnie. Au moyen de quoi ledit Capitaine doit avoir & entretenir un Lieutenant, à raison de cent cinquante livres par mois, un second Lieutenant à cent vingt livres, un Sous-lieutenant à quatre-vingt-dix livres, & deux Enseignes à soixante-quinze livres chacun, deux Sergens à trente-cinq livres chacun, trois autres Sergens à trente livres, & trois autres à vingt-cinq livres, un Chirurgien à trente livres, quatre Trabans, six Tambours, un Fifre, six Caporaux, six Appointés, & cent soixante-deux Soldats: Sa Majesté ayant aussi réglé qu'outre les Officiers ci-dessus, les Capitaines qui auront des régimens, seront tenus d'avoir un Capitaine-lieutenant, pour commander leur compagnie, qu'ils payeront à raison de deux cens livres par mois. *GARDES-SUISSES.* *Payes de gratification.*

E'tat-major du régiment, & Officiers de la Compagnie Générale.

Les Officiers de l'E'tat-major, & ceux de la Compagnie générale dudit régiment des Gardes-suisses, continueront d'être payés suivant les états & ordres que Sa Majesté fera expédier.

III.

INFANTERIE FRANÇOISE.

INFANTERIE FRANÇOISE.

CHAQUE bataillon d'Infanterie françoise, mis par ordonnance du premier août 1755, à dix-sept compagnies, dont une de Grenadiers de quarante-cinq hommes, & seize de Fusiliers de quarante hommes, faisant au total six cens quatre-vingt-cinq hommes, sera payé sur le pied par jour, savoir:

Compagnies de Grenadiers.

La compagnie de Grenadiers, à raison de quatre livres six deniers au Capitaine, trente-quatre sols dix deniers au Lieutenant, y compris deux sols dix deniers de supplément; vingt sols au Sous-lieutenant, douze sols à chacun des deux Sergens, huit sols six deniers à chacun des trois Caporaux, sept sols six deniers à chacun des trois Anspessades, six sols six deniers à chacun des trente-six Grenadiers & au Tambour; & six sols six deniers pour chacune des trois payes de gratification que le Capitaine doit recevoir, sa compagnie étant complète de quarante-cinq hommes, deux à quarante-quatre, une seulement à quarante-trois, & rien au dessous dudit nombre de quarante-trois hommes.

Payes de gratification.

Soldats tirés pour les Grenadiers.

Le Capitaine de Grenadiers, au moyen du traitement ci-dessus, payera vingt-cinq livres de chaque Soldat qui sera tiré du régiment pour entrer dans sa compagnie.

Compagnies de Fusiliers.

Chacune des seize compagnies de Fusiliers sera payée sur le pied par jour, de trois livres six sols huit deniers au Capitaine, y compris seize sols huit deniers de supplément; vingt-deux sols dix deniers au Lieutenant, y compris deux sols dix deniers de supplément; onze sols à chacun des deux Sergens, sept sols six deniers à chacun des trois Caporaux, six sols six deniers à chacun des trois Anspessades, cinq sols six deniers à chacun des trente-un Fusiliers & au Tambour.

Le

Le Capitaine, outre l'appointement ci-dessus, recevra trois payes de gratification de cinq sols six deniers chacune, sa compagnie étant complète de quarante hommes, deux à trente-neuf, une seulement à trente-huit hommes, & rien au dessous dudit nombre de trente-huit hommes.

Payes de gratification.

Les cinq hommes surnuméraires par compagnie, établis dans le régiment d'Infanterie du Roi, par ordonnance du 7 septembre 1741, & que Sa Majesté, par celle des 20 février 1749 & premier août 1755, a bien voulu continuer d'y entretenir au-delà du complet en chacune des soixante-huit compagnies dudit régiment, sans tirer à conséquence pour les autres régimens de son Infanterie françoise, y recevront leur solde sur le pied de six sols six deniers par jour à chaque Grenadier, & de cinq sols six deniers à chaque Fusilier qui sera présent aux revûes des Commissaires des guerres, jusqu'audit nombre de cinq par compagnie; sans que cela produise aucune augmentation dans les Haute-payes, ni dans les payes de gratification desdites compagnies.

Soldats surnuméraires du régiment du Roi.

Les Capitaines en second, qui, par la réforme, remplissent des places de Lieutenant dans les compagnies de Fusiliers en ladite qualité de Capitaines en second, seront payés de leurs appointemens à raison de quarante-deux sols chacun par jour, tant qu'ils serviront en ladite qualité; lesquelles places de seconds Officiers des compagnies de Fusiliers, ne pourront être remplies, au défaut de Capitaines en second actuellement en chaque régiment, que par des Lieutenans aux appointemens ordinaires attachés à ce grade, de vingt-deux sols dix deniers par jour.

Capitaines en second.

Les deux Enseignes entretenus pour porter les deux drapeaux que Sa Majesté a réglé, par son ordonnance du 10 février 1749, qu'il y auroit à l'avenir par bataillon, avec rang de Lieutenant, recevront leurs appointemens sur le pied de dix-sept sols dix deniers chacun par jour, y compris deux sols dix deniers de supplément.

Enseignes.

Les Lieutenans en second que Sa Majesté, par son

Lieutenans en second, sans

appointemens, au régiment d'Infanterie du Roi.

ordonnance du 20 février 1749, a bien voulu conſerver ſans appointemens, ſur le pied d'un en chacune des compagnies de Fuſiliers de ſon régiment d'Infanterie où il n'y a point d'Enſeigne; & le Sous-lieutenant que Sa Majeſté, par ſon ordonnance du 8 novembre 1750, a auſſi établi ſans appointemens en chacune des compagnies de Fuſiliers dudit régiment, auront ſeulement le logement dans tous les lieux où ſe trouvera ledit régiment, & l'étape en route, ainſi qu'elle a été réglée par l'ordonnance du premier avril 1737.

Etat-major du premier bataillon de chaque régiment.

Les Officiers de l'Etat-major de chaque premier bataillon des régimens d'Infanterie françoiſe, y compris ceux où il y a Prevôté, ſeront payés ſur le pied par jour, ſavoir; de cinq livres au Colonel, tant pour lui tenir lieu des appointemens dont il jouiſſoit comme Capitaine, que de ceux de Colonel; de quatre livres treize ſols quatre deniers d'appointemens au Lieutenant-colonel, indépendamment de cinq livres onze ſols un denier un tiers, à titre d'augmentation de traitement, auxquels Colonel & Lieutenant-colonel Sa Majeſté a jugé convenable, par ſon ordonnance du 10 février 1749, d'ôter les compagnies qu'ils commandoient ci-devant; trois livres ſix ſols huit deniers au Major, y compris ſeize ſols huit deniers de ſupplément; trente-ſix ſols deux deniers à l'Aide-major, y compris deux ſols dix deniers de ſupplément; vingt ſols au Maréchal-des-logis, & dix ſols à chacun des Aumônier & Chirurgien.

Colonel-lieutenant du régiment du Roi.

Sa Majeſté ayant réglé par ſon ordonnance du 20 février 1749, que la compagnie Colonelle de ſon régiment d'Infanterie ſeroit conſervée, & commandée comme ci-devant par le Colonel-lieutenant, il ne ſera payé en ladite qualité de Colonel que ſur le pied de trente-trois ſols quatre deniers par jour, indépendamment des appointemens qu'il recevra comme Capitaine.

Colonel en ſecond du régiment des Gardes de Lorraine.

Sa Majeſté ayant réglé par ſon ordonnance particulière du 12 janvier 1750, que le ſieur Chevalier de Beauveau, Colonel en ſecond du régiment des Gardes de Lorraine, auroit les mêmes appointemens de cinq livres par jour, dont jouissent les Colonels en pied, du jour qu'il a cessé d'avoir une compagnie par la réforme; il continuera de recevoir lesdits appointemens, tant qu'il servira en ladite qualité de Colonel en second.

Prevôté en trente-quatre régimens.

Les Officiers de la Prevôté qui est en chacun des régimens de Picardie, Champagne, Navarre, Piémont, Normandie, la Marine, la Tour-du-Pin, Bourbonnois, Auvergne, Belsunce, Mailly, du Roi, Royal, Lyonnois, Dauphin, d'Aquitaine, d'Eu, la Reine, Royal-des-Vaisseaux, Orléans, la Couronne, Artois, Royal-Roussillon, Condé, Bourbon, Royal-la-Marine, Royal-Comtois, Rohan-Rochefort, Nice, Penthièvre, Chartres, Conti, Enghien & Gardes de Lorraine, seront payés sur le pied par jour, de vingt-six sols huit deniers au Prevôt, treize sols quatre deniers à son Lieutenant, huit sols quatre deniers au Greffier, & cinq sols à chacun des cinq Archers & à l'Exécuteur de justice.

E'tat-major des second, troisième & quatrième bataillons.

Le Commandant de chacun des second, troisième & quatrième bataillons des régimens où il y en a ce nombre, & auquel, par ordonnance du 10 février 1749, on a ôté la compagnie qu'il commandoit, sera payé sur le pied de quatre livres d'appointemens par jour, indépendamment de deux livres quinze sols six deniers deux tiers, aussi par jour, à titre d'augmentation de traitement; & l'Aide-major de chacun desdits bataillons, même le cinquième qui est dans le premier bataillon du régiment du Roi, recevra trente-six sols deux deniers par jour, y compris les deux sols dix deniers de supplément d'appointemens qui leur ont été accordés par l'ordonnance du 20 avril 1722.

Sous-Aides-major dans le régiment du Roi.

Les quatre Sous-aides-major que Sa Majesté a établis dans son régiment d'Infanterie par ordonnance du 20 juillet 1753, continueront de recevoir les seize livres treize sols quatre deniers par mois, réglées par ladite ordonnance, indépendamment de leurs appointemens de Lieutenans.

Appointemens conservés aux

Les Officiers qui commandoient les bataillons qui ont

anciens Commandans de bataillon.

été réformés par les réductions ordonnées dans l'Infanterie françoise en 1748 & 1749, continueront de jouir, en conséquence de l'article X de l'ordonnance du 10 février 1749, des trente-six sols huit deniers par jour qu'ils avoient en ladite qualité de Commandant de bataillon, jusqu'à ce qu'ils soient remplacés; & ce indépendamment des appointemens de Capitaine de leur compagnie, avec laquelle ils ont passé dans les bataillons qui sont restés sur pied, en conservant les appointemens, le titre & le rang de Commandant de bataillon.

Compagnies de nouvelle levée des seconds bataillons des régimens Royal-Roussillon & de la Sarre.

Les quatre compagnies de nouvelle levée, restées en France, de chacun des seconds bataillons des régimens Royal-Roussillon & la Sarre, passés en Canada, continueront d'être payées de la solde ordinaire, sur le pied du nombre d'hommes dont elles seront composées aux revûes des Commissaires des guerres.

Officiers réformés à la suite des régimens.

Les Officiers réformés à la suite des régimens d'Infanterie françoise, y seront payés des appointemens par mois qui leur ont été réglés, en passant présens aux revûes.

Régimens qui servent dans les isles de Minorque & de Corse.

Les régimens d'Infanterie françoise & étrangère qui servent dans les isles de Minorque & de Corse, seront payés de leur solde sur le même pied réglé par la présente ordonnance; & à l'égard du traitement extraordinaire que Sa Majesté leur a accordé, ils continueront à en jouir sur le pied des règlemens qui en ont été ordonnés; le payement de laquelle solde & traitemens extraordinaires sera fait par les Trésoriers servant près lesdites troupes dans lesdites isles, & la dépense employée dans leurs comptes.

Masse.

Outre la solde ci-dessus réglée pour les Sergens, Caporaux, Anspessades, Grenadiers, Soldats & Tambours, qui leur sera payée sans aucune retenue, au moyen de quoi ils doivent s'entretenir de linge & de chaussure, il sera donné vingt deniers par jour pour chaque Sergent, & dix deniers pour chacun des autres, même des trois cens quarante Grenadiers & Soldats surnuméraires que Sa Majesté a bien voulu entretenir dans son régiment d'Infanterie, qui formeront

formeront une Maſſe toûjours complète par bataillon, ſans avoir égard aux hommes qui pourroient manquer dans les compagnies; laquelle demeurera entre les mains du Tréſorier, qui en donnera ſes reconnoiſſances à la fin de l'année, au Major ou Officier chargé du détail du régiment ou bataillon, en deux billets, l'un à titre de Groſſe Maſſe, ſur le pied de douze deniers par Sergent & ſix deniers par Soldat, & l'autre à titre de Petite Maſſe, à raiſon de huit deniers par Sergent & de quatre deniers par Soldat; laquelle Maſſe ſera remiſe ſur la main-levée des Inſpecteurs généraux, à ceux qui auront fait les fournitures de l'habillement & équipement deſdits régimens ou bataillons.

Maſſe des quatre nouvelles compagnies des ſeconds bataillons des régimens de la Sarre & de Royal-Rouſſillon, reſtées en France.

Les quatre compagnies nouvelles du ſecond bataillon du régiment de la Sarre, & les quatre compagnies nouvelles du ſecond bataillon de celui de Royal-Rouſſillon, reſtées en France, continueront à recevoir la Maſſe comme les premiers bataillons de ces deux régimens, auxquels elles ſont attachées.

I V.

Penſions de vingt régimens d'Infanterie françoiſe.

SA MAJESTÉ ayant réſolu de faire payer à l'avenir par les Commis du Tréſorier général de l'extraordinaire des guerres, dans les départemens ou dans les armées, ce qu'Elle accorde annuellement à titre de Penſion attachée à l'ancienneté de ſervice, dans chacun des vingt régimens d'Infanterie françoiſe ci-après dénommés, aux Lieutenans-colonels & premiers Capitaines deſdits régimens, ſon intention eſt qu'à commencer de la préſente année, le payement de ces Penſions ſoit fait tous les trois mois aux Officiers qui ſeront pourvûs des grades auxquels elles ſont attachées, c'eſt-à-dire, le quartier des mois de janvier, février & mars, dans le courant d'avril; celui des mois d'avril, mai & juin, dans le courant de juillet; celui des mois de juillet, août & ſeptembre, dans le courant d'octobre; & celui des trois derniers mois, dans le courant du mois de janvier ſuivant, & ſur le pied par an des ſommes ci-après ſpécifiées pour chaque grade; ſavoir, pour chacun des régimens de Picardie, Champagne, Navarre, Piémont,

Normandie & la Marine, à raiſon de ſix cens livres par an au Lieutenant-colonel, cinq cens livres au premier Capitaine, & quatre cens livres à chacun des ſecond, troiſième, quatrième & cinquième Capitaines.

Pour le régiment d'Infanterie de Sa Majeſté, ſix cens livres par an au Lieutenant-colonel, cinq cens livres au premier Capitaine, & quatre cens livres à chacun des ſecond, troiſième, quatrième, cinquième, ſixième & ſeptième Capitaines.

Pour chacun des régimens de la Tour-du-Pin, Bourbonnois, Auvergne, Belſunce, Mailly, Royal, Dauphin, Aquitaine, la Reine, Royal-des-Vaiſſeaux, la Couronne & Royal-Rouſſillon, ſur le pied de ſix cens livres par an au Lieutenant-colonel, cinq cens livres au premier Capitaine, & quatre cens livres à chacun des ſecond & troiſième Capitaines.

Et pour le régiment d'Artois, ſix cens livres par an au Lieutenant-colonel, & cinq cens livres au premier Capitaine.

L'intention de Sa Majeſté eſt que dans le cas où quelqu'un des Officiers qui jouiſſent de ces penſions viendroit à décéder avant l'échéance des trois mois de chaque quartier, il ne ſoit fait aucun décompte de ſadite Penſion, ne devant en jouir qu'autant qu'il aura vécu leſdits trois mois.

Et qu'à l'égard de la Penſion attachée au grade de Lieutenant-colonel, elle ne puiſſe paſſer à ſon ſucceſſeur que de la date de ſa commiſſion de Lieutenant-colonel.

V.

Corps des Grenadiers de France.

Le Corps des Grenadiers de France, formé par ordonnance du 15 février 1749, & qui, ſuivant celle du 15 ſeptembre 1750, a rang dans l'Infanterie immédiatement après le régiment de Bourbon, ce Corps composé de quatre brigades de douze compagnies de quarante-cinq hommes, faiſant au total deux mille cent ſoixante hommes, ſur le pied de cinq cens quarante hommes par brigade, ſera payé à raiſon par jour, ſavoir:

Chacune des quarante-huit compagnies, de cinq livres au Capitaine, tant pour ses appointemens, que pour lui tenir lieu des trois payes de gratification dont jouissent les Capitaines de Grenadiers des régimens d'Infanterie françoise, leur compagnie étant complète; trente-quatre sols dix deniers au Lieutenant, y compris deux sols dix deniers de supplément; vingt sols au Lieutenant en second, douze sols à chacun des deux Sergens, huit sols six deniers à chacun des trois Caporaux, sept sols six deniers à chacun des trois Anspessades, & six sols six deniers à chacun des trente-six Grenadiers & au Tambour. *Compagnies.*

Le Sergent, le Caporal, & les onze Grenadiers entretenus en chacune des quatre brigades, sous la dénomination de Charpentiers, recevront, en conséquence de l'ordonnance du 15 août 1750, un supplément de solde par jour, de deux sols au Sergent, un sol six deniers au Caporal, & un sol à chaque Grenadier-Charpentier. *Supplément de solde aux Charpentiers.*

L'Enseigne qui est en chacune des quatre brigades, sera payé sur le pied de dix-sept sols dix deniers par jour. *Enseignes.*

L'Etat-major dudit corps recevra par jour, savoir, l'Inspecteur-commandant, vingt-deux livres quatre sols cinq deniers un tiers; le sieur de Lanjamet, ci-devant Major, & établi Commandant en second dudit corps par ordonnance du 8 juillet 1756, treize livres six sols huit deniers par jour, lequel traitement sera éteint du jour que ledit sieur de Lanjamet ne sera plus employé audit corps; cinq livres à chacun des quatre Sergens-majors créés par la même ordonnance du 8 juillet 1756; trente-six sols deux deniers à chacun des quatre Aides-majors; & au Tambour & au Fifre, chacun treize sols quatre deniers. *Etat-major.*

Les Colonels & Lieutenans-colonels destinés à servir audit régiment, continueront de recevoir, savoir, chaque Colonel dix livres par jour, & chaque Lieutenant-colonel huit livres six sols huit deniers, aussi par jour, pour le temps qu'ils seront de service audit régiment, seulement. *Colonels & Lieutenans-colonels de service aux Grenadiers de France.*

A l'égard de la Masse, elle sera payée sur le pied complet, *Masse.*

à raiſon par jour de vingt deniers par Sergent, & dix deniers à chaque Caporal, Anſpeſſade, Grenadier-fuſilier & Tambour, du produit de laquelle le Tréſorier remettra à la fin de l'année, deux billets, ainſi qu'il eſt expliqué à l'article de l'Infanterie françoiſe; & le payement n'en ſera fait que ſur la main-levée de l'Inſpecteur-commandant dudit corps.

CORPS ROYAL de l'ARTILLERIE & du GÉNIE.

Les bataillons du Corps royal de l'Artillerie & du Génie, portés par ordonnance du premier décembre 1756, au nombre de ſix, & de ſix compagnies de Mineurs, & ſix compagnies d'Ouvriers; chaque bataillon compoſé de huit cens hommes en ſeize compagnies de cinquante hommes chacune, dont deux de Sappeurs, neuf de Canonniers & cinq de Bombardiers, ſera payé, ſavoir:

Compagnie de Sappeurs.

Chacune des deux compagnies de Sappeurs, compoſée d'un Capitaine en pied, un Capitaine en ſecond, un premier Lieutenant, un Lieutenant en ſecond, deux Sous-lieutenans, trois Sergens, trois Caporaux, trois Anſpeſſades, quarante Sappeurs & un Tambour, ſur le pied par jour, de ſept livres un ſol au Capitaine en pied, trois livres au Capitaine en ſecond; cinquante ſols au premier Lieutenant, quarante ſols au Lieutenant en ſecond, trente ſols à chacun des deux Sous-lieutenans, vingt ſols ſix deniers à chaque Sergent, quatorze ſols ſix deniers à chaque Caporal, onze ſols ſix deniers à chaque Anſpeſſade, neuf ſols ſix deniers à chacun de neuf des quarante Sappeurs, ſept ſols à chacun des trente-un autres, & neuf ſols ſix deniers au Tambour.

Compagnies de Canonniers.

Chacune des neuf compagnies de Canonniers, compoſée d'un Capitaine en pied, un Capitaine en ſecond, un premier Lieutenant, un Lieutenant en ſecond, deux Sous-lieutenans, trois Sergens, trois Caporaux, trois Anſpeſſades, quarante Canonniers & un Tambour, ſera payée ſur le pied par jour, de ſept livres un ſol au Capitaine en pied, trois livres au Capitaine en ſecond; cinquante ſols au premier Lieutenant, quarante ſols au Lieutenant en ſecond, trente ſols à chacun des Sous-lieutenans, vingt ſols ſix deniers à chaque Sergent, quatorze ſols ſix deniers

deniers à chaque Caporal, onze ſols ſix deniers à chaque Anſpeſſade, neuf ſols ſix deniers à chacun de neuf des quarante Canonniers, ſept ſols à chacun de neuf autres, ſix ſols à chacun des vingt-deux reſtans, & neuf ſols ſix deniers au Tambour.

Compagnies de Bombardiers.

Chacune des cinq compagnies de Bombardiers, compoſée d'un Capitaine en pied, un Capitaine en ſecond, un premier Lieutenant, un Lieutenant en ſecond, deux Sous-lieutenans, trois Sergens, trois Caporaux, trois Anſpeſſades, quarante Artificiers ou Bombardiers & un Tambour, ſera payée à raiſon par jour, de ſept livres un ſol au Capitaine en pied, trois livres au Capitaine en ſecond; cinquante ſols au premier Lieutenant, quarante ſols au Lieutenant en ſecond, trente ſols à chacun des deux Sous-lieutenans, vingt ſols ſix deniers à chaque Sergent, quatorze ſols ſix deniers à chaque Caporal, onze ſols ſix deniers à chaque Anſpeſſade, quinze ſols à chacun de deux des huit Artificiers-Bombardiers, douze ſols à chacun de trois deſdits Artificiers-Bombardiers, dix ſols à chacun des trois autres; entendant Sa Majeſté que l'augmentation de paye ſoit donnée ſeulement à ceux d'entr'eux qui ſe diſtingueront par leur zèle & capacité dans leur métier, & non à la ſimple ancienneté de ſervice; neuf ſols ſix deniers à chacun de ſix des trente-deux Bombardiers, ſept ſols à chacun de ſix autres, ſix ſols à chacun des vingt reſtans, & neuf ſols ſix deniers au Tambour.

Payes de gratification des compagnies de Sappeurs, Canonniers & Bombardiers.

A l'égard des payes de gratification deſdites compagnies, chaque Capitaine recevra cinq deſdites payes par jour, ſavoir, de ſept ſols chacune pour les Sappeurs, & de ſix ſols pour les Canonniers & Bombardiers, ſa compagnie étant complète de cinquante hommes, quatre à quarante-neuf, trois à quarante-huit, deux à quarante-ſept, une à quarante-ſix, & rien au deſſous dudit nombre de quarante-ſix hommes.

Etat-major.

L'Etat-major de chaque bataillon, compoſé d'un Colonel-commandant, & d'un Lieutenant-colonel, qui n'auront point de compagnie, leſquels jouiront, chacun dans leur grade, des mêmes prérogatives que les Colonels & les Lieutenans-colonels en pied des régimens d'Infanterie, en suivant le rang du corps; un Major, un Aide-major, un Sous-aide-major, un Aumônier & un Chirurgien; & il sera payé par jour, savoir, seize livres treize sols quatre deniers au Colonel-commandant, onze livres deux sols deux deniers au Lieutenant-colonel, tant pour leurs appointemens en ladite qualité de Colonel-commandant, & de Lieutenant-colonel, que pour leur tenir lieu de ceux de Capitaine; neuf livres trois sols trois deniers au Major, six livres deux sols deux deniers à l'Aide-major; cinquante sols au Sous-aide-major, & dix sols à chacun des Aumônier & Chirurgien.

Compagnies de Mineurs.

Les six compagnies de Mineurs dudit Corps Royal de l'Artillerie & du Génie, y compris celle ordonnée d'augmentation le premier décembre 1756, & de laquelle les appointemens & solde ne doivent commencer à être payés que du premier janvier 1757, chacune desdites compagnies composée d'un Capitaine en premier, un Capitaine en second, un premier Lieutenant, un Lieutenant en second, deux Sous-lieutenans, quatre Sergens, quatre Caporaux, quatre Anspessades, quarante-six Mineurs ou Apprentifs, & deux Tambours, sera payée à raison par jour, de six livres cinq sols au Capitaine en premier, trois livres au Capitaine en second; cinquante sols au premier Lieutenant, quarante sols au Lieutenant en second, trente sols à chacun des deux Sous-lieutenans, vingt sols six deniers à chaque Sergent, quatorze sols six deniers à chaque Caporal, onze sols six deniers à chaque Anspessade, dix sols six deniers à chacun des vingt-quatre Mineurs, sept sols à chacun des vingt-deux Apprentifs, neuf sols six deniers à chaque Tambour, & sept sols pour chacune des six payes de gratification que Sa Majesté accorde au Capitaine, sa compagnie étant complète de soixante hommes, cinq payes à cinquante-neuf, quatre à cinquante-huit, trois à cinquante-sept, deux à cinquante-

20. février 1757.

six, & rien au dessous dudit nombre de cinquante-six hommes.

Compagnies d'Ouvriers.

Les six compagnies d'Ouvriers, y compris celle d'augmentation ordonnée le premier décembre 1756, & de laquelle les appointemens & solde ne doivent commencer à être payés qu'à compter du premier janvier 1757, chacune desdites compagnies composée d'un Capitaine, un premier Lieutenant, un second Lieutenant, un Sous-lieutenant, trois Maîtres-ouvriers, trois Sous-maîtres, vingt-cinq Ouvriers, huit Apprentifs & un Tambour, sera payée à raison par jour, de six livres au Capitaine; cinquante sols au premier Lieutenant, quarante sols au second Lieutenant, trente sols au Sous-lieutenant, vingt sols à chacun des trois Maîtres-ouvriers, dix-huit sols à chacun des trois Sous-maîtres, quinze sols à chacun des seize Ouvriers, douze sols à chacun de neuf autres, dix sols à chacun des huit Apprentifs & au Tambour, & dix sols pour chacune des quatre payes de gratification que le Capitaine touchera, sa compagnie étant complète de quarante hommes, trois payes à trente-neuf, deux à trente-huit, & rien au dessous dudit nombre de trente-huit hommes. Entend Sa Majesté que ledit Corps Royal de l'Artillerie & du Génie, soit payé de ses appointemens & solde à commencer du premier janvier 1757, sur le pied de sa nouvelle composition, ainsi qu'il se trouvera composé aux revûes des Commissaires des guerres.

Masse des bataillons du Corps Royal de l'Artillerie & du Génie.

Ancienne Composition.

La Masse des cinq anciens bataillons du Corps Royal de l'Artillerie & du Génie, continuera de leur être payée suivant leur ancienne composition, jusqu'au dernier décembre 1756, sur le pied réglé par l'ordonnance du premier février 1751, savoir, de vingt deniers par jour pour chaque Sergent, & dix deniers pour chaque Cadet, Caporal, Anspessade, Sappeur, Canonnier, Bombardier & Tambour.

Nouvelle Composition.

A l'égard de la Masse desdits cinq anciens bataillons suivant leur nouvelle composition, & celle du sixième bataillon créé par ordonnance du premier décembre

1756, elle ſera payée à chacun deſdits ſix bataillons, à commencer du premier janvier 1757, à raiſon par jour, de vingt deniers pour chaque Sergent, & de dix deniers pour chaque Caporal, Anſpeſſade, Sappeur, Canonnier, Bombardier & Tambour.

Compagnies de Mineurs.

Maſſe.

Les cinq anciennes compagnies de Mineurs du Corps Royal de l'Artillerie & du Génie, continueront de recevoir la Maſſe ſuivant leur ancienne compoſition, juſqu'au dernier décembre 1756, ſur le pied de vingt deniers par jour pour chaque Sergent, & dix deniers pour chaque Cadet, Caporal, Anſpeſſade, Mineur, Apprentif & Tambour; & à commencer du premier janvier 1757, leſdites cinq anciennes compagnies de Mineurs, & celle créée par ladite ordonnance du premier décembre 1756, ſeront payées de leur Maſſe à raiſon de vingt deniers par jour pour chaque Sergent, & dix deniers pour chaque Caporal, Anſpeſſade, Mineur, Apprentif & Tambour.

Compagnies d'Ouvriers.

Maſſe.

La Maſſe des cinq anciennes compagnies d'Ouvriers du Corps Royal de l'Artillerie & du Génie, continuera de leur être payée comme ci-devant, à raiſon de vingt deniers par jour pour chaque Maître-ouvrier, & dix deniers pour chaque Sous-maître-ouvrier, Ouvrier, Apprentif & Tambour.

Et à l'égard de la ſixième compagnie d'Ouvriers, créée par ladite ordonnance du premier décembre 1756, la Maſſe ne commencera à lui être payée qu'à compter du premier janvier 1757, & ſur le même pied de celle ci-deſſus des cinq anciennes compagnies d'Ouvriers.

Laquelle Maſſe ci-deſſus réglée pour les ſix bataillons, ſix compagnies de Mineurs & ſix compagnies d'Ouvriers du Corps Royal de l'Artillerie & du Génie, ſera toûjours complète, ſans avoir égard aux hommes qui pourroient manquer dans les compagnies, & demeurera entre les mains du Tréſorier général du Corps Royal de l'Artillerie & du Génie, qui en donnera ſes reconnoiſſances à la fin de l'année, au Major ou autre Officier chargé du détail de chaque bataillon, & à l'Officier chargé du détail

de

de chacune des compagnies de Mineurs & compagnies d'Ouvriers, en deux billets, féparément pour chaque bataillon, compagnie de Mineurs & d'Ouvriers, l'un à titre de Groffe Maffe, fur le pied de douze deniers par Sergent & Maître-ouvrier, & de fix deniers par Caporal, Anfpeffade, Sous-maître-ouvrier, Sappeur, Canonnier, Bombardier, Mineur, Ouvrier, Apprentif & Tambour; & l'autre billet à titre de Petite Maffe, à raifon de huit deniers par Sergent & Maître-ouvrier, & de quatre deniers pour chacun des autres; le payement de laquelle Maffe ne fera fait que fur la main-levée du Directeur général des Ecoles d'Artillerie.

V I.

MILICES.

LES cent fept bataillons de Milices, levés dans les provinces du royaume, y compris celui de la ville de Paris, & les fix des duchés de Lorraine & de Bar, au moyen des quarante Miliciens ordonnés le 5 décembre 1756, être levés & mis d'augmentation en chaque bataillon, à raifon de cinq hommes par compagnie de Fufiliers, feront compofés au mois de février 1757, chacun de dix compagnies, dont une de Grenadiers de cinquante hommes, une de Grenadiers-poftiches de foixante hommes, & huit de Fufiliers de foixante-cinq hommes chacune; faifant au total fix cens trente hommes par bataillon.

Compofition des Bataillons.

Bataillons reftés dans leurs Paroiffes, & qui s'affembleront dans leurs quartiers ordinaires.

Ceux defdits bataillons dont les Miliciens font reftés dans leurs paroiffes, & auxquels il fera expédié des ordres pour aller fervir dans les Places, feront auffi compofés, comme ci-deffus, de fix cens trente hommes, en dix compagnies, à commencer dudit mois de février 1757, & feront à cet effet affemblés dans leurs quartiers ordinaires, où ils recevront les appointemens & folde qui leur font réglés par l'article VIII de ladite ordonnance du 5 décembre 1756, pendant le temps de ladite affemblée, & jufqu'au jour, exclufivement, qu'ils commenceront à avoir l'étape pour fe rendre à leur deftination.

Lorfque ces bataillons feront arrivés de leurfdits quartiers

Appointemens & solde des bataillons de Milice à leur arrivée dans les Places.

Compagnies de Grenadiers.

d'aſſemblée dans les Places, ils y ſeront payés ſur le pied par jour, ſavoir, pour la compagnie de Grenadiers, de quatre livres au Capitaine, trente-deux ſols au premier Lieutenant, vingt ſols au ſecond Lieutenant, douze ſols à chacun des deux Sergens, huit ſols ſix deniers à chacun des trois Caporaux, ſept ſols ſix deniers à chacun des trois Anſpeſſades, ſix ſols ſix deniers à chacun des quarante-un Grenadiers, & huit ſols ſix deniers au Tambour.

Compagnies de Grenadiers-poſtiches.

Pour la compagnie de Grenadiers-poſtiches, à raiſon de trois livres dix ſols par jour au Capitaine, vingt-cinq ſols au Lieutenant, onze ſols à chacun des trois Sergens, ſept ſols ſix deniers à chacun des trois Caporaux, ſix ſols ſix deniers à chacun des trois Anſpeſſades, cinq ſols ſix deniers à chacun des cinquante Grenadiers-poſtiches, & ſept ſols ſix deniers au Tambour.

Compagnies de Fuſiliers.

Quant aux compagnies de Fuſiliers, il ſera payé par jour, trois livres à chaque Capitaine, vingt ſols au Lieutenant, onze ſols à chacun des deux Sergens, ſept ſols ſix deniers à chacun des trois Caporaux, ſix ſols ſix deniers à chacun des trois Anſpeſſades, cinq ſols ſix deniers à chacun des cinquante-ſix Fuſiliers, & ſept ſols ſix deniers au Tambour.

Entend Sa Majeſté, qu'au moyen de la paye ci-deſſus réglée aux Tambours, tant des compagnies de Grenadiers que de celles de Grenadiers-poſtiches & de Fuſiliers, ils ſeront tenus d'entretenir leur caiſſe de peaux & de cordages, & de ſe fournir de baguettes.

Etat-major des cent un bataillons de Milice, y compris celui de la ville de Paris.

Il ſera payé au Lieutenant-colonel, ou à ſon défaut, au Commandant de chaque bataillon, leſquels ne doivent point avoir de compagnie, cinq livres par jour, & trois livres à l'Aide-major.

Bataillons de Milice ſervant actuellement dans les Places.

A l'égard des bataillons de Milice qui ſervent actuellement dans les Places, ils continueront d'être payés de leurs appointemens & ſolde, juſqu'au premier février 1757, ſur le pied réglé par l'article IV de l'ordonnance du 15 avril 1756, pour leur compoſition de cinq cens quatre-vingt-dix hommes, & à commencer dudit jour premier février, ils recevront les mêmes appointemens & solde ci-dessus détaillés pour les compagnies de Grenadiers, de Grenadiers-postiches & de Fusiliers, dont les bataillons seront à six cens trente hommes aux jours d'arrivée de leurs Miliciens d'augmentation dans les Places.

Etat-major de chacun des deux régimens de Milice de Lorraine, & deux bataillons de Mirecourt.

Le Colonel & le Major qui servent au premier des deux bataillons de chacun des régimens de Polignac & de Montureux, des Milices des duchés de Lorraine & de Bar, recevront, en conséquence de l'ordonnance particulière du 5 mars 1750, savoir, le Colonel six livres par jour, & le Major trois livres cinq sols.

A l'égard des Commandans & Aides-majors des seconds bataillons desdits deux régimens, & ceux des premier & second bataillons de Mirecourt des milices desdits duchés, ils seront payés sur le pied réglé par la présente ordonnance pour ceux des mêmes grades des bataillons de Milice.

RÉGIMENS de GRENADIERS-ROYAUX.

Après l'établissement des bataillons de Milice dans les Places ou autres lieux où Sa Majesté aura jugé à propos de les employer, il en sera tiré les compagnies de Grenadiers & de Grenadiers-postiches, pour former des régimens de deux bataillons chacun, sous le titre de Grenadiers-royaux, & chaque régiment sera composé de dix compagnies de Grenadiers, & du même nombre de compagnies de Grenadiers-postiches.

Composition des compagnies.

Chaque compagnie aura pour sa composition, la compagnie de Grenadiers d'un bataillon de Milice, & celle de Grenadiers-postiches du même bataillon, & sera dénommée par le nom dudit bataillon; elle formera sous cette dénomination une troupe de Grenadiers, & une de Grenadiers-postiches; lesquelles compagnies recevront leurs appointemens & solde sur le pied par jour, savoir :

Compagnies de Grenadiers.

La compagnie de Grenadiers, au Capitaine, quatre livres; au premier Lieutenant, trente-deux sols; au second Lieutenant, vingt sols; douze sols à chacun des deux Sergens, huit sols six deniers à chacun des trois Caporaux, fept fols fix deniers à chacun des trois Anfpeffades, fix fols fix deniers à chacun des quarante-un Grenadiers, & huit fols fix deniers au Tambour.

Compagnies de Grenadiers-poftiches.

Pour la compagnie de Grenadiers-poftiches, à raifon de trois livres dix fols par jour au Capitaine, vingt-cinq fols au Lieutenant, onze fols à chacun des trois Sergens, fept fols fix deniers à chacun des trois Caporaux, fix fols fix deniers à chacun des trois Anfpeffades, cinq fols fix deniers à chacun des cinquante Grenadiers-poftiches, & fept fols fix deniers au Tambour.

Etat-Major de chaque régiment.

Il y aura à la tête de chacun defdits régimens de Grenadiers-royaux, un Colonel & un Lieutenant-colonel, qui en auront le commandement, fans être attachés à aucune compagnie, & auxquels il fera payé, à commencer du 16 du préfent mois de février, favoir, à chaque Colonel douze livres par jour, & dix livres au Lieutenant-colonel, tant pour leurs appointemens en ladite qualité, que pour leur tenir lieu de ceux de Capitaine; fix livres au Major, & trois livres à chacun des deux Aides-majors, qui feront entretenus en chacun defdits régimens.

Seconds Lieutenans aux deux premières compagnies de Grenadiers-poftiches.

Il fera auffi entretenu un fecond Lieutenant aux Grenadiers-poftiches des deux premières compagnies de chaque régiment, pour porter les drapeaux, aux appointemens de vingt fols par jour à chacun, à compter du jour de la formation defdits régimens.

Retenue fur la folde pour linge & chauffure des Milices.

Ordonne Sa Majefté que pendant tout le temps du fervice des milices, il foit retenu fur la folde, un fol par jour à chaque Sergent, & fix deniers à chaque Caporal, Anfpeffade, Grenadier, Grenadier-poftiche, Fufilier & Tambour, pour faire une Maffe qui fera remife entre les mains de l'Aide-major ou autre Officier chargé du détail, pour leur être délivrée, & employée, par les foins des Commiffaires des guerres, à leur fournir de linge & de chauffure.

TROUPES BOULONNOISES.

Les régimens des troupes Boulonnoifes, compofés chacun de treize compagnies, feront payés pendant le temps

temps qu'ils ferviront dans les Places, fur le pied, favoir:

Compagnies de Grenadiers.

La compagnie de Grenadiers de chaque régiment, compofée de quarante-cinq hommes, à raifon par jour, de quatre livres fix deniers au Capitaine, trente-quatre fols dix deniers au Lieutenant, douze fols à chacun des deux Sergens, huit fols fix deniers à chacun des trois Caporaux, fept fols fix deniers à chacun des trois Anfpeffades, fix fols fix deniers à chacun des trente-fix Grenadiers & au Tambour, & fix fols fix deniers pour chacune des trois payes de gratification que le Capitaine doit recevoir, fa compagnie étant de quarante-cinq & quarante-quatre hommes; deux defdites payes, la compagnie étant à quarante-un, quarante-deux & quarante-trois; une feulement lorfqu'elle ne fera qu'à quarante, & rien au deffous dudit nombre de quarante hommes.

Payes de gratification.

Compagnies de Fufiliers.

Chacune des douze compagnies de Fufiliers de chaque régiment, compofée de quarante hommes, fera payée à raifon par jour, de trois livres fix fols huit deniers au Capitaine, vingt-deux fols dix deniers au Lieutenant, onze fols à chacun des deux Sergens, fept fols fix deniers à chacun des trois Caporaux, fix fols fix deniers à chacun des trois Anfpeffades, & cinq fols fix deniers à chacun des trente-un Fufiliers & au Tambour; le Capitaine, outre l'appointement ci-deffus, recevra trois payes de gratification de cinq fols fix deniers chacune, lorfque fa compagnie fe trouvera compofée de quarante & trente-neuf hommes, deux defdites payes lorfqu'elle fera à trente-fix, trente-fept & trente-huit hommes, une feulement à trente-cinq, & rien au deffous dudit nombre de trente-cinq hommes.

Payes de gratification.

Enfeignes.

L'Enfeigne qui eft en chacune des compagnies Colonelle & Lieutenante-colonelle, fera payé fur le pied de dix-fept fols dix deniers par jour.

Etat-major de chaque régiment.

Les Officiers de l'Etat-major de chacun defdits régimens, feront payés fur le pied par jour, favoir, au Colonel une livre treize fols quatre deniers, indépendamment de fes appointemens de Capitaine; au Lieutenant-colonel quarante-cinq ſols, auſſi outre ce qu'il reçoit comme Capitaine; trois livres ſix ſols huit deniers au Major, trente-ſix ſols deux deniers à l'Aide-major, vingt ſols au Maréchal-des-logis, & dix ſols à chacun des Aumônier & Chirurgien.

Maſſe. Outre la ſolde ci-deſſus réglée pour les Sergens, Caporaux, Anſpeſſades, Grenadiers, Fuſiliers & Tambour, qui leur ſera payée ſans aucune retenue, au moyen de quoi ils doivent s'entretenir de linge & de chauſſure. Il ſera donné vingt deniers par jour pour chaque Sergent, & dix deniers pour chacun des autres, qui formeront une Maſſe toûjours complète pour chaque régiment, ſans avoir égard aux hommes qui pourroient manquer dans les compagnies; laquelle Maſſe demeurera entre les mains du Tréſorier, qui en donnera ſes reconnoiſſances à la fin de l'année, au Major ou autre Officier chargé du détail du régiment, en deux billets, ainſi qu'il eſt expliqué à l'article de l'Infanterie françoiſe, pour être ladite Maſſe employée à l'habillement & équipement deſdits régimens, & remiſe, ſur la main-levée de l'Inſpecteur deſdites troupes Boulonnoiſes, à ceux qui auront fait leſdites fournitures.

MILICES du ROUSSILLON. Les cinquante-cinq compagnies de Milices ordinaires du Rouſſillon, de Conflent & de Cerdagne, levées par ordonnance du premier mai 1756, pour ſervir à la garde des Places de ladite province, dont vingt compagnies à cinquante hommes chacune, qui compoſent les deux bataillons du régiment de Perpignan, à raiſon de dix compagnies par bataillon, & trente-quatre compagnies de quarante hommes, formant trois bataillons, leſquelles compagnies ſont diſtribuées dans pluſieurs Places de ladite province, & une compagnie de cinquante hommes tenant garniſon au château de Salces, ſeront payées de leurs appointemens & ſolde, ainſi qu'il ſuit, ſavoir:

Compagnies à cinquante hommes. Chacune des vingt compagnies de cinquante hommes qui compoſent les deux bataillons du régiment de Perpignan, & celle, auſſi de cinquante hommes, affectée à la garde du château de Salces, composée d'un Capitaine, un Lieutenant, deux Sergens, trois Caporaux, trois Anspessades, quarante-un Fusiliers & un Tambour, sera payée à raison par jour, de cinquante sols au Capitaine, vingt sols au Lieutenant, dix sols à chaque Sergent, sept sols six deniers à chaque Caporal, six sols six deniers à chaque Anspessade, cinq sols six deniers à chaque Fusilier, & sept sols au Tambour.

Compagnies à quarante hommes.

Chacune des trente-quatre autres compagnies de quarante hommes, formant trois bataillons, composée d'un Capitaine, un Lieutenant, deux Sergens, trois Caporaux, trois Anspessades, trente-un Fusiliers & un Tambour, sera payée à raison par jour, de cinquante sols au Capitaine, vingt sols au Lieutenant, dix sols à chaque Sergent, sept sols six deniers à chaque Caporal, six sols six deniers à chaque Anspessade, cinq sols six deniers à chacun des Fusiliers, & sept sols au Tambour.

Au moyen de la solde ci-dessus réglée pour les Sergens, Caporaux, Anspessades, Fusiliers & Tambours desdites compagnies, ils s'entretiendront d'habillement, de linge & de chaussure.

Etat-major du régiment de Milice de Perpignan.

L'Etat-major du régiment de Perpignan sera payé sur le pied par jour, de quarante sols au Colonel, vingt sols au Lieutenant-colonel, outre ce qu'ils reçoivent comme Capitaines; vingt sols au Commandant du second bataillon, aussi indépendamment de son traitement de Capitaine; cinquante sols au Major, & trente sols à l'Aide-major dudit régiment.

Commandans de bataillon, & Aides-majors.

Il sera payé à chacun des Commandant, & Aide-major de chacune desdites troupes qui composent les trois bataillons, dont les compagnies sont à quarante hommes, & distribuées dans plusieurs Places de ladite province du Roussillon; savoir, à chaque Commandant vingt sols par jour, outre ce qu'il reçoit en qualité de Capitaine, & trente sols à chaque Aide-major.

MILICES BÉARNOISES.

Chaque bataillon de Milices du Béarn, composé de cinq cens vingt-cinq hommes, en treize compagnies,

GRAMONTOISES, & des pays de NAVARRE, de LABOUR & de SOULE.

dont une de Grenadiers de quarante-cinq hommes, & douze de Fusiliers de quarante hommes chacune; & les compagnies de Milices Gramontoises, de la basse Navarre, & des pays de Labour & de Soule, de cinquante hommes chacune, levées par ordonnance du 13 avril 1756, recevront leurs appointemens & solde pendant le temps de leur service dans les Places, sur le pied, savoir:

Milices Béarnoises. Compagnies de Grenadiers à quarante-cinq hommes.

Pour chaque bataillon de Milices Béarnoises, la compagnie de Grenadiers de quarante-cinq hommes, composée d'un Capitaine, un Lieutenant, deux Sergens, trois Caporaux, trois Anspessades, trente-six Grenadiers & un Tambour, sera payée à raison par jour, de trois livres dix sols au Capitaine, vingt-cinq sols au Lieutenant, onze sols à chaque Sergent, sept sols six deniers à chaque Caporal, six sols six deniers à chaque Anspessade, & cinq sols six deniers à chaque Grenadier & au Tambour; laquelle solde pour la compagnie de Grenadiers seulement, commencera à avoir lieu du premier Janvier 1757.

Compagnies à quarante hommes.

Chacune des douze compagnies de Fusiliers dudit bataillon, à raison par jour, de cinquante sols au Capitaine, vingt sols au Lieutenant, dix sols à chacun des deux Sergens, sept sols six deniers à chacun des trois Caporaux, six sols six deniers à chacun des trois Anspessades, & cinq sols six deniers à chacun des trente-un Fusiliers & au Tambour.

Etat-major de chaque bataillon.

Les Officiers de l'Etat-major de chacun desdits bataillons, seront payés à raison par jour, de trente sols au Lieutenant-colonel, indépendamment de ses appointemens de Capitaine; & de quarante-cinq sols à l'Aide-major.

Milices Gramontoises & des pays de Navarre, de Labour & de Soule. Compagnies à cinquante hommes.

Chacune des compagnies de Milices Gramontoises, des pays de basse-Navarre, de Labour & de Soule, de cinquante hommes, composée d'un Capitaine, un Lieutenant, deux Sergens, trois Caporaux, trois Anspessades, quarante-un Fusiliers & un Tambour, sera payée à raison par jour, de cinquante sols au Capitaine, vingt sols au Lieutenant, dix

dix sols à chaque Sergent, sept sols six deniers à chaque Caporal, six sols six deniers à chaque Anspessade, & cinq sols six deniers à chaque Fusilier & au Tambour.

E'tats-majors des troupes formées des compagnies de cinquante hommes.

A l'égard des Lieutenans-colonels, Aide-major & Garçons-majors, attachés aux différentes troupes qui sont composées de plusieurs de ces compagnies de cinquante hommes, ils seront payés de leurs appointemens à raison par jour, savoir, de trente sols au Lieutenant-colonel des compagnies de Milices gramontoises, outre ce qu'il reçoit comme Capitaine, & quarante-cinq sols à l'Aide-major desdites compagnies gramontoises; trente sols à chaque Lieutenant-colonel des troupes composées desdites compagnies de Milices des pays de Navarre, de Labour & de Soule, outre ce qu'il reçoit comme Capitaine, & vingt-cinq sols à chaque Garçon-major.

COMPAGNIE de MONTBOISSIER aux isles Sainte-Marguerite.

La compagnie de Montboissier, qui est dans les Isles Sainte-Marguerite & Saint-Honorat, composée d'un Capitaine, de deux Lieutenans, deux Sergens, un Caporal, un Anspessade, trente Soldats & un Tambour, sera payée sur le pied par jour, de quatorze livres trois sols quatre deniers au Capitaine, y compris onze livres cinq sols d'augmentation; trois livres trois sols quatre deniers à chacun des deux Lieutenans, y compris trente-trois sols quatre deniers d'augmentation; douze sols à chacun des deux Sergens, huit sols au Caporal, sept sols à l'Anspessade, six sols à chacun des trente Soldats & au Tambour; & le Chapelain qui est avec ladite compagnie, recevra seize sols huit deniers par jour.

VII.

INVALIDES. Compagnies détachées.

LES compagnies détachées de l'Hôtel royal des Invalides, de soixante hommes chacune, seront payées, à la réserve de celles dont il sera parlé ci-après, sur le pied par jour, de cinquante sols au Capitaine, vingt sols à chacun des cinq Lieutenans, dix sols à chacun des trois Sergens, sept sols à chacun des trois Caporaux, six sols à chacun des trois Anspessades, & cinq sols à chacun des cinquante Soldats & au Tambour : s'il se trouve des surnuméraires dans lesdites compagnies, les Commissaires des guerres les comprendront dans leurs revûes, & ils continueront d'être payés comme il a été réglé par l'ordonnance du 22 juin 1737, de cinq sols de solde par jour. Ordonne Sa Majesté que cette règle soit pareillement observée pour les Soldats surnuméraires qui se trouveront dans les compagnies détachées de bas-Officiers ci-après, de cent quarante hommes chacune, & que lesdits Soldats surnuméraires reçoivent leur solde sur le pied de sept sols chacun par jour.

Compagnies de bas-Officiers.

Les compagnies de bas-Officiers Invalides, détachées dudit Hôtel royal, de Toucheronde, du Miny, Châtillon, Dumont, Cherier, Passy, Saint-Roman, Goirand, Bruchet, d'Apremont & de l'Arzillier, de cent quarante hommes chacune, seront payées sur le pied par jour, de cinquante sols au Capitaine en premier, pareils cinquante sols au Capitaine en second, vingt sols à chacun des cinq Lieutenans, douze sols à chacun des six Sergens, neuf sols à chacun des six Caporaux, huit sols à chacun des six Anspessades, & sept sols à chacun des cent vingt Fusiliers & deux Tambours.

Compagnie de bas-Officiers servant à la garde du château de la Bastille.

La compagnie de bas-Officiers Invalides, de quatre-vingt-deux hommes, formée par ordonnance du 30 décembre 1749, pour servir à la garde du château de la Bastille, sera payée sur le pied par jour, de trois livres dix sols au Capitaine en premier, y compris vingt sols de supplément; trois livres au Capitaine en second, y compris dix sols de supplément; cinquante sols au Lieutenant chargé du détail, y compris trente sols de supplément, quarante sols à chacun des deux autres Lieutenans, y compris vingt sols de supplément, quinze sols à chacun des quatre Sergens, y compris trois sols de supplément, douze sols à chacun des quatre Caporaux, y compris trois sols de supplément, onze sols à chacun des quatre Anspessades, y compris trois sols de supplément, & dix sols à chacun des soixante-huit Fusiliers & deux Tambours, y compris aussi trois sols par jour de supplément.

La compagnie de bas-Officiers Invalides, de cent ſix hommes, formée par ordonnance du 23 octobre 1750, pour ſervir à la garde du palais des Tuileries & du château du Louvre, ſera payée ſur le pied par jour, de cinquante ſols au Capitaine en premier, pareils cinquante ſols au Capitaine en ſecond, vingt ſols au Lieutenant chargé du détail & à chacun des quatre autres Lieutenans, douze ſols à chacun des ſix Sergens, neuf ſols à chacun des ſix Caporaux, huit ſols à chacun des ſix Anſpeſſades, & ſept ſols à chacun des quatre-vingt-cinq Fuſiliers & trois Tambours.

Compagnie de bas-Officiers Invalides ſervant à la garde des Tuileries & du Louvre.

La compagnie de bas-Officiers Invalides, de cinquante-un hommes, formée par ordonnance du 3 juillet 1753, pour ſervir à la garde de l'Ecole militaire, ſera payée ſur le fonds de l'Extraordinaire des guerres, à raiſon par jour, de cinquante ſols au Capitaine en pied, pareils cinquante ſols au Capitaine en ſecond, faiſant les fonctions de Lieutenant, douze ſols à chacun des deux Sergens, neuf ſols à chacun des deux Caporaux, huit ſols à chacun des deux Anſpeſſades, & ſept ſols à chacun des quarante-trois Fuſiliers & deux Tambours; outre leſquels appointemens & ſolde, il ſera payé aux Officiers, Hautes-payes, Fuſiliers & Tambours, un ſupplément ſur le pied par jour, de vingt ſols au Capitaine en premier, dix ſols au Capitaine en ſecond, & de trois ſols auſſi par jour à chaque Sergent, Caporal, Anſpeſſade, Fuſilier & Tambour; lequel ſupplément d'appointemens & de ſolde ci-deſſus, ſera payé des fonds deſtinés à l'entretien de ladite Ecole militaire.

Compagnie de bas-Officiers invalides ſervant à la garde de l'Ecole militaire.

La compagnie de bas-Officiers Invalides, de ſoixante hommes, formée par ordonnance du 5 décembre 1754, pour ſervir à la garde du château de Vincennes, ſera payée ſur le pied par jour, de trois livres dix ſols au Capitaine, y compris vingt ſols de ſupplément; cinquante ſols au Lieutenant chargé du détail, y compris trente ſols de ſupplément; quarante ſols à chacun des deux autres Lieutenans, y compris vingt ſols de ſupplément; quinze ſols à chacun des trois Sergens, y compris trois ſols de

Compagnie de bas-Officiers invalides, ſervant à la garde du château de Vincennes.

ſupplément; douze ſols à chacun des trois Caporaux, y compris trois ſols de ſupplément; onze ſols à chacun des trois Anſpeſſades, y compris trois ſols de ſupplément, & dix ſols à chacun des cinquante Fuſiliers & au Tambour, y compris auſſi trois ſols de ſupplément.

Compagnies détachées de l'Hôtel royal des Invalides, pour le ſervice de l'Artillerie dans les Places.

Les quatre compagnies détachées de l'Hôtel royal des Invalides, de ſoixante hommes chacune, formées par ordonnance du premier mars 1756, pour être employées dans les Places, aux différentes manœuvres de l'Artillerie, & dans leſquelles compagnies Sa Majeſté a en même temps ordonné de faire entrer tous les bas-Officiers & Soldats, qui, ayant ſervi dans les bataillons du Corps royal de l'Artillerie & du Génie, ont obtenu leur retraite à l'Hôtel des Invalides, ainſi que ceux dudit Corps qui ſervoient dans les compagnies détachées dudit Hôtel, ſeront payées à raiſon par jour pour chaque compagnie, de cinquante ſols au Capitaine en premier, pareils cinquante ſols au Capitaine en ſecond, vingt ſols à chacun des deux Lieutenans, dix ſols ſix deniers à chacun des quatre Sergens, ſept ſols ſix deniers à chacun des quatre Caporaux, ſix ſols ſix deniers à chacun des quatre Anſpeſſades, & cinq ſols ſix deniers à chacun des quarante-ſept Fuſiliers & au Tambour.

Entend Sa Majeſté que les bas-Officiers provenant dudit Corps royal de l'Artillerie & du Génie, qui ſervoient en ladite qualité dans les compagnies de bas-Officiers dudit Hôtel des Invalides, & qui en ont été tirés pour entrer dans les quatre compagnies ci-deſſus établies par ladite ordonnance du 5 mars 1756, y jouiſſent de la même paye qu'ils avoient dans leſdites compagnies de bas-Officiers, & en outre, de ſix deniers d'augmentation par jour, juſqu'à ce qu'ils aient monté dans leſdites quatre compagnies, à des grades qui leur produiſent une paye plus forte que celle qu'ils avoient dans leſdites compagnies de bas-Officiers détachées dudit Hôtel des Invalides, ladite continuation d'ancienne paye & l'augmentation de ſix deniers par jour, ne devant avoir lieu

que

20. février 1757.

que pour ceux desdits bas-Officiers qui occupent dans lesdites quatre compagnies nouvelles, des places dont la paye est inférieure à celle qu'ils avoient dans lesdites compagnies détachées de bas-Officiers. Ceux qui, ayant servi dans ledit Corps royal de l'Artillerie & du Génie, seront admis par la suite à l'Hôtel des Invalides en qualité de bas-Officiers, seront également payés suivant ce grade & de la manière ci-dessus expliquée en passant dans lesdites quatre compagnies. Ordonne Sa Majesté aux Commissaires des guerres, qui auront la police de ces quatre compagnies nouvelles, de faire mention sur leurs revûes, de ceux desdits bas-Officiers qui doivent jouir de la même paye qu'ils avoient dans les compagnies détachées de bas-Officiers, & des six deniers d'augmentation par jour, en y spécifiant le grade & la paye qu'ils y avoient, ainsi que les places qu'ils occupent dans lesdites quatre compagnies; en observant pareillement de marquer sur leurs revûes, les bas-Officiers dudit Corps royal de l'Artillerie & du Génie, qui n'auront point servi dans les compagnies détachées de bas-Officiers, & qui viendront directement de l'Hôtel des Invalides pour entrer dans lesdites quatre compagnies, afin que les Trésoriers de l'Extraordinaire des guerres puissent payer lesdites compagnies sur le pied ordonné ci-dessus.

VIII.

TROUPES LÉGÈRES.

Corps des Volontaires de Flandre.

Le Corps des Volontaires de Flandre, composé, suivant l'ordonnance du 26 novembre 1756, de sept cens vingt hommes en trois brigades de deux cens quarante hommes chacune, & chaque brigade de quatre compagnies de soixante hommes, dont quarante d'Infanterie & vingt de Cavalerie; chacune desquelles compagnies doit être commandée par un Capitaine en pied ou titulaire, & composée pour la partie d'Infanterie, d'un Capitaine en second, un Lieutenant, deux Sergens, trois

Caporaux, trois Anſpeſſades, trente-un Fuſiliers & un Tambour. Et pour la partie de Cavalerie, d'un Capitaine en ſecond, un Lieutenant, un Maréchal-des-logis, deux Brigadiers, dix-ſept Cavaliers & un Trompette.

Une compagnie. Infanterie. Ces compagnies ſeront payées chacune ſur le pied, ſavoir, de cinq livres par jour au Capitaine titulaire, cinquante ſols au Capitaine en ſecond de Fuſiliers, trente-trois ſols quatre deniers au Lieutenant, onze ſols à chaque Sergent, ſept ſols ſix deniers à chaque Caporal, ſix ſols ſix deniers à chaque Anſpeſſade, & cinq ſols ſix deniers à chaque Fuſilier & au Tambour.

Cavalerie. Il ſera payé au Capitaine en ſecond de Cavalerie trois livres par jour, cinquante ſols au Lieutenant, vingt-ſix ſols huit deniers au Maréchal-des-logis, huit ſols à chaque Brigadier, & ſept ſols à chaque Cavalier, Trompette ou Timbalier.

Payes de gratification. Le Capitaine titulaire recevra, outre ſes appointemens, trois payes de gratification de cinq ſols ſix deniers chacune, pour ſa compagnie d'Infanterie, ladite compagnie étant à quarante hommes, deux à trente-neuf, une ſeulement à trente-huit, & rien au deſſous dudit nombre de trente-huit hommes.

Etat-major. Il ſera payé au ſieur de la Morlière, tant en ſa qualité de Commandant d'une deſdites brigades, que de Commandant en chef dudit Corps, ſeize livres treize ſols quatre deniers par jour, & huit livres ſix ſols huit deniers au Commandant particulier de chacune des deux autres brigades: leſquels Commandans, ſoit en chef ou particuliers, n'auront point de compagnie; trois livres ſix ſols huit deniers à l'Aide-major de chacune deſdites trois brigades, trente ſols à l'Aumônier, & vingt ſols au Chirurgien dudit Corps.

Veut Sa Majeſté que ledit Corps commence à recevoir ſes appointemens & ſolde, ſur le pied ci-deſſus de ſa nouvelle compoſition, à compter du premier de janvier 1757, & ainſi qu'il ſe trouvera aux revûes qui en ſeront faites par les Commiſſaires des guerres.

Entend Sa Majesté que ceux des Capitaines & autres Officiers dudit Corps qui, lors de sa réduction à la dernière réforme, ont obtenu des appointemens chez eux, & qui seront rappelés & choisis pour remplir des places dans les compagnies dudit Corps, cessent alors de jouir desdits appointemens de réforme qui leur ont été accordés; & s'il reste encore actuellement d'employés dans ce Corps quelques Capitaines en second de Cavalerie qui aient été Capitaines en pied, & qui à la nouvelle composition dudit Corps ordonnée le 26 novembre 1756, continuent d'y remplir des places de Capitaine en second de Cavalerie, ils recevront en attendant leur remplacement à des compagnies, les trois livres six sols huit deniers par jour, qui leur sont réglés par l'ordonnance du premier février 1751, au lieu des trois livres attribuées ci-dessus aux Capitaines en second de Cavalerie.

Officiers réformés, retirés chez eux avec appointemens.

Supplément d'appointemens aux Capitaines en second de Cavalerie, qui ont été Capitaines en pied.

Le Corps des Volontaires-royaux, porté par ordonnance du 18 novembre 1756, à neuf cens cinquante hommes, en quinze compagnies, savoir, deux de Grenadiers de quarante-cinq hommes chacune, douze de soixante-dix hommes, dont quarante à pied, & trente Dragons montés, & une d'Ouvriers de vingt hommes.

CORPS des VOLONTAIRES ROYAUX.

Chaque compagnie de Grenadiers, composée d'un Capitaine, un Lieutenant, un Lieutenant en second, deux Sergens, trois Caporaux, trois Anspessades, trente-six Grenadiers & un Tambour, sera payée sur le pied par jour, savoir, de quatre livres au Capitaine, cinquante sols au Lieutenant, quarante sols au Lieutenant en second, douze sols à chaque Sergent, huit sols six deniers à chaque Caporal, sept sols six deniers à chaque Anspessade, & six sols six deniers à chacun des Grenadiers & au Tambour. Le Capitaine, outre ses appointemens, recevra trois payes de gratification de six sols six deniers chacune, sa compagnie étant complète de quarante-cinq hommes, deux à quarante-quatre, une seulement à quarante-trois, & rien au dessous dudit nombre de quarante-trois hommes.

Compagnies de Grenadiers.

Payes de gratification.

Chacune des douze compagnies de Fusiliers & de

Compagnies

de Fusiliers & de Dragons. *Infanterie.* Dragons, commandée par un Capitaine en pied ou titulaire, & composée, pour la partie d'Infanterie, d'un Capitaine en second, un Lieutenant, deux Sergens, trois Caporaux, trois Anspessades, trente-un Fusiliers & un Tambour; & pour les Dragons, d'un Capitaine en second, un Lieutenant, un Maréchal-des-logis, deux Brigadiers, vingt-sept Dragons & un Tambour, sera payée sur le pied de six livres par jour au Capitaine titulaire, cinquante sols au Capitaine en second de Fusiliers, trente-cinq sols au Lieutenant, onze sols à chaque Sergent, sept sols six deniers à chaque Caporal, six sols six deniers à chaque Anspessade, & cinq sols six deniers à chaque Fusilier & au Tambour.

Dragons. Il sera payé au Capitaine en second de Dragons trois livres par jour, deux livres au Lieutenant, vingt-six sols huit deniers au Maréchal-des-logis, huit sols à chaque Brigadier, & sept sols à chaque Dragon & au Tambour.

Payes de gratification. Le Capitaine titulaire recevra, outre ses appointemens, trois payes de gratification de cinq sols six deniers chacune, pour sa compagnie d'Infanterie, ladite compagnie étant à quarante hommes, deux à trente-neuf, une seulement à trente-huit, & rien au dessous dudit nombre de trente-huit hommes.

Compagnie d'Ouvriers. La compagnie d'Ouvriers, composée d'un Capitaine, un Lieutenant, un Sergent, onze Charpentiers ou Forgerons, sept Apprentifs & un Tambour, sera payée sur le pied par jour, de trois livres au Capitaine, vingt sols au Lieutenant, douze sols au Sergent, huit sols à chacun des Charpentiers ou Forgerons, & sept sols à chaque Apprentif & au Tambour; le Capitaine recevra de plus *Payes de gratification.* deux payes de gratification de sept sols chacune, sa compagnie étant complète à vingt hommes, une & demie à dix-neuf, une seulement à dix-huit, & rien au dessous dudit nombre de dix-huit hommes.

Etat-major. L'Etat-major, composé d'un Colonel-commandant, un Major, un Aide-major pour l'Infanterie, un Aide-major pour les Dragons, un Aumônier, un Chirurgien & un

& un Prevôt, sera payé sur le pied par jour, savoir, de seize livres treize sols quatre deniers au Colonel-commandant, tant pour ses appointemens en ladite qualité, que pour lui tenir lieu de ceux de Capitaine, ne devant point avoir de compagnie; six livres au Major, trois livres à l'Aide-major d'Infanterie, quatre livres à l'Aide-major de Dragons, trente sols à chacun des Aumônier & Chirurgien, & vingt sols au Prevôt.

Veut Sa Majesté que, conformément à l'article VII de son ordonnance du 18 novembre 1756, le traitement ci-dessus réglé pour ledit Corps des Volontaires-royaux, commence à avoir lieu, sur le pied de sa nouvelle composition, à compter du premier décembre dernier, ainsi qu'il se trouvera aux revûes des Commissaires des guerres.

Supplément d'appointemens au sieur de Limoges.

Le sieur de Limoges, qui sert à la tête de ce Corps, continuera de jouir des trente-trois sols quatre deniers de supplément d'appointemens que Sa Majesté lui a réglé par jour, indépendamment de ceux qu'il reçoit en sa qualité de Capitaine en pied; lequel supplément d'appointemens lui étant personnel, il cessera d'avoir lieu pour ceux qui lui succèderont audit emploi.

VOLONTAIRES du DAUPHINÉ.

Le Corps des Volontaires du Dauphiné, composé par ordonnance du 20 mars 1749, de cent vingt hommes, en six compagnies de vingt hommes chacune, dont cinq d'Infanterie & une de Dragons, sera payé sur le pied par jour, savoir:

Compagnies d'Infanterie de vingt hommes.

Chacune des cinq compagnies d'Infanterie, composée d'un Capitaine en pied, un Capitaine en second, ou au lieu de ce second Officier, d'un Lieutenant; deux Sergens, deux Caporaux, deux Anspessades, treize Fusiliers, Chasseurs ou Volontaires, & un Tambour, à raison de trois livres six sols huit deniers au Capitaine en pied, quarante sols au Capitaine en second, & à son défaut, vingt-deux sols dix deniers au Lieutenant, onze sols à chaque Sergent, sept sols six deniers à chaque Caporal, six sols six deniers à chaque Anspessade, & cinq sols six deniers à chaque Fusilier, Chasseur ou Volontaire, & au Tambour. Le

Payes de gratification. Capitaine recevra de plus deux payes de gratification de cinq ſols ſix deniers chacune, ſa compagnie étant complète de vingt hommes, une ſeulement à dix-neuf hommes, & rien au deſſous dudit nombre de dix-neuf hommes. Entend Sa Majeſté que les Capitaines en ſecond deſdites compagnies ſoient remplacés, à meſure que leurs emplois deviendront vacans, par des Lieutenans ſeulement, aux appointemens de vingt-deux ſols dix deniers chacun par jour.

Compagnie de Dragons de vingt hommes. La compagnie de Dragons, composée d'un Capitaine en pied & d'un ſecond Officier, ſoit Capitaine en ſecond ou Lieutenant; d'un Maréchal-des-logis, deux Brigadiers, dix-ſept Dragons & un Tambour, ſera payée à raiſon par jour de quatre livres au Capitaine en pied, quarante ſols au Capitaine en ſecond ou Lieutenant, vingt-ſix ſols huit deniers au Maréchal-des-logis, ſept ſols ſix deniers à chaque Brigadier, & ſix ſols ſix deniers à chaque Dragon & au Tambour.

E'tat-major. L'E'tat-major dudit corps ſera payé par jour à raiſon de huit livres ſix ſols huit deniers au Commandant en chef, tant pour ſes appointemens en ladite qualité, que pour lui tenir lieu de ceux de Capitaine, ne devant être attaché à aucune compagnie; & trois livres à l'Aide-major.

Supplément d'appointemens aux ſieurs Colonne, Beringuier de Sabattier & Lancize. Les ſieurs Colonne, Beringuier de Sabattier & Lancize, qui ont rang de Lieutenant-colonel, & qui commandent chacun en qualité de Capitaine, une des compagnies d'Infanterie dudit corps, recevront, outre leurs appointemens de Capitaine d'Infanterie, chacun trente-trois ſols quatre deniers par jour, conformément à l'article II de l'ordonnance du 10 novembre 1748; lequel traitement leur étant perſonnel, il n'aura point lieu pour ceux qui leur ſuccèderont auxdites compagnies.

Corps des Cantabres-Volontaires. Le Corps des Cantabres-volontaires, de cent ſoixante hommes en quatre compagnies d'Infanterie, conſervées, en conſéquence de l'ordonnance du premier août 1749, ſur le pied de quarante hommes chacune, ſera payé, ſavoir :

Chaque compagnie composée d'un Capitaine, un Capitaine en second ou un Lieutenant, deux Sergens, trois Caporaux, trois Anspessades, trente-un Fusiliers & un Tambour, sur le pied par jour, de trois livres six sols huit deniers au Capitaine, quarante sols au Capitaine en second qui aura été Capitaine en pied, & à son défaut, vingt-deux sols dix deniers au Lieutenant, onze sols à chaque Sergent, sept sols six deniers à chaque Caporal, six sols six deniers à chaque Anspessade, & cinq sols six deniers à chaque Fusilier & au Tambour. Le Capitaine recevra de plus trois payes de gratification de cinq sols six deniers chacune, sa compagnie étant complète à quarante hommes, deux à trente-neuf, une seulement à trente-huit, & rien au dessous dudit nombre de trente-huit hommes. Veut au surplus Sa Majesté que les places de seconds Officiers desdites compagnies, ne soient remplies à mesure qu'elles deviendront vacantes, que par des Lieutenans aux appointemens de vingt-deux sols dix deniers chacun par jour.

Compagnies d'Infanterie de quarante hommes.

Payes de gratification.

L'Etat-major que Sa Majesté a jugé à propos d'établir dans le Corps desdits Cantabres-volontaires, composé d'un Commandant, qui ne sera attaché à aucune des quatre compagnies, sera payé, à commencer du 19 octobre 1756, sur le pied de huit livres six sols huit deniers par jour au Commandant, & de trois livres, aussi par jour, à l'Aide-major, en passant présens aux revûes des Commissaires des guerres.

Etat-major des Cantabres-volontaires.

La Masse du Corps des Volontaires de Flandre, continuera de lui être payée jusqu'au dernier décembre 1756, suivant son ancienne composition, à raison de vingt deniers par jour pour chaque Sergent, & de dix deniers pour chaque Caporal, Anspessade, Fusilier, Tambour, Brigadier, Cavalier & Trompette: A l'égard de la Masse dudit Corps des Volontaires de Flandre sur le pied de sa nouvelle composition, en conséquence de l'augmentation qui y a été faite par ordonnance du 26 novembre 1756, elle commencera à courrir du premier janvier

Masse des Volontaires de Flandre.

Ancienne composition.

Nouvelle composition.

1757, à raiſon, comme ci-deſſus, de vingt deniers par jour pour chaque Sergent, & de dix deniers pour chaque Caporal, Anſpeſſade, Fuſilier, Tambour, Brigadier, Cavalier, Trompette ou Timbalier.

Maſſe des Volontaires-royaux. Ancienne compoſition.

Le Corps des Volontaires-royaux continuera de recevoir la Maſſe ſur pied de ſon ancienne compoſition, juſqu'au dernier décembre 1756, à raiſon de vingt deniers par jour pour chaque Sergent, & de dix deniers pour chaque Caporal, Anſpeſſade, Grenadier, Fuſilier, Charpentier, Forgeron, Apprentif, Brigadier, Dragon & Tambour: Et la Maſſe dudit corps des Volontaires-royaux, ſuivant ſa nouvelle compoſition, en conſéquence de l'augmentation qui y a été faite par ordonnance du 18 novembre 1756, lui ſera payée à commencer du premier janvier 1757, ſur le pied ci-deſſus, de vingt deniers par jour pour chaque Sergent, & de dix deniers pour chaque Caporal, Anſpeſſade, Grenadier, Fuſilier, Charpentier, Forgeron, Apprentif, Brigadier, Dragon & Tambour.

Nouvelle compoſition.

Maſſe des Volontaires du Dauphiné.

Le Corps des Volontaires du Dauphiné, dans lequel il n'a été apporté aucun changement depuis l'ordonnance du 20 mars 1749, continuera de recevoir la Maſſe ſur le pied de vingt deniers par jour pour chaque Sergent, & de dix deniers pour chaque Caporal, Anſpeſſade, Fuſilier, Chaſſeur ou Volontaire, Brigadier, Dragon & Tambour.

Maſſe des Cantabres-volontaires.

La Maſſe des quatre compagnies d'Infanterie, qui compoſent le Corps des Cantabres-volontaires, continuera de lui être payée comme ci-devant, ſur le pied de vingt deniers par jour pour chaque Sergent, & de dix deniers pour chaque Caporal, Anſpeſſade, Fuſilier & Tambour.

L'intention de Sa Majeſté eſt que la Maſſe ci-deſſus réglée pour chacun des Corps des Volontaires de Flandre, Royaux, du Dauphiné & des Cantabres, ſoit toûjours complète, ſans avoir égard aux hommes qui pourroient manquer dans les compagnies; laquelle Maſſe demeurera entre les mains du Tréſorier, qui en donnera ſes reconnoiſſances à la fin de l'année à l'Aide-major, ou ou autre Officier chargé du détail de chaque corps, en deux billets, l'un à titre de Grosse Masse, sur le pied de douze deniers pour chaque Sergent, & de six deniers pour chaque Caporal, Anspessade, Grenadier, Fusilier, Chasseur ou Volontaire, Brigadier, Cavalier, Dragon, Tambour, Trompette ou Timbalier; & l'autre à titre de Petite Masse, à raison de huit deniers par Sergent, & quatre deniers pour chacun des autres: laquelle Masse sera remise sur la main-levée des Inspecteurs généraux, à ceux qui auront fait les fournitures de l'habillement & équipement desdits corps de troupes.

CHASSEURS de FISCHER.

Le Corps des Chasseurs de Fischer, porté par ordonnance du 25 octobre 1756, à cinq cens hommes, en cinq compagnies d'Infanterie de quarante hommes, & quatre à cheval, de soixante-quinze hommes chacune, sera payé sur le pied de sa nouvelle composition, à commencer du 11 novembre 1756, suivant les revûes des Commissaires des guerres, savoir:

Compagnies d'Infanterie de quarante hommes.

Chaque compagnie d'Infanterie, composée d'un Capitaine en second, un Lieutenant, deux Sergens, trois Caporaux, trois Anspessades & trente-deux Chasseurs, sera payée à raison par jour, de deux livres dix sols au Capitaine en second, vingt-deux sols six deniers au Lieutenant, vingt sols à chacun des deux Sergens, seize sols à chacun des trois Caporaux, quatorze sols à chacun des trois Anspessades, & dix sols à chacun des trente-deux Chasseurs.

Compagnies à cheval de soixante-quinze hommes.

Les quatre compagnies à cheval, y compris celle qui étoit sur pied avant ladite ordonnance d'augmentation du 25 octobre 1756, composées chacune d'un premier Capitaine en second, un second Capitaine en second, un premier Lieutenant, un second Lieutenant, deux Maréchaux-des-logis, quatre Brigadiers & soixante-onze Chasseurs à cheval, seront payées à raison par jour pour chaque compagnie, de trois livres au premier Capitaine en second, cinquante sols au second Capitaine en second, quarante sols au premier Lieutenant, trente-cinq sols au fecond Lieutenant; vingt-fix fols huit deniers à chaque Maréchal-des-logis, feize fols à chaque Brigadier, & dix fols à chaque Chaffeur.

Au moyen du traitement ci-deffus, le fieur Fifcher fera chargé de l'habillement, armement, équipement & entretien defdits Chaffeurs, tant à pied qu'à cheval.

E'tat-major. L'Etat-major dudit Corps fera payé à raifon par jour, de fix livres treize fols quatre deniers au fieur Fifcher, pour fes appointemens, tant en fa qualité de Commandant, que comme Capitaine en premier des compagnies à pied & à cheval; trois livres à l'Aide-major des compagnies à pied, pareilles trois livres à celui des compagnies à cheval, établi par ladite ordonnance du 25 octobre 1756.

RÉGIMENT ÉTRANGER de BÉYERLÉ. Le régiment étranger de Béyerlé, ci-devant fous le nom de Gefchray, compofé, par ordonnance du 25 mars 1749, de cent vingt hommes, les Officiers compris, dont quatre-vingt d'Infanterie en deux compagnies de quarante hommes chacune, & deux compagnies de Dragons montés, de vingt hommes auffi chacune, fera payé, favoir :

Compagnies d'Infanterie de quarante hommes. Chacune des deux compagnies d'Infanterie, compofée de quarante hommes, les Officiers compris, fur le pied par mois de quatre-vingt-dix livres au Capitaine, & de foixante livres au Capitaine en fecond ou Lieutenant, treize livres, auffi par mois, pour la folde des deux Sergens, du Capitaine d'armes, des trois Caporaux, des trente-un Fufiliers & du Tambour; & pareilles treize livres par mois pour chacune des quatre payes de gratification que Sa Majefté accorde au Capitaine, fa compagnie étant complète de quarante hommes, trois payes à trente-neuf, deux à trente-huit, & rien au deffous dudit nombre de trente-huit hommes.

Payes de gratification.

Compagnies de vingt hommes à cheval. Chacune des deux compagnies à cheval, compofée de vingt hommes, les Officiers compris, fera payée fur le pied par jour, de cinq livres au Capitaine, cinquante fols au Capitaine en fecond ou Lieutenant, neuf fols au Brigadier, & sept sols à chacun des dix-sept hommes à cheval.

Masse des deux compagnies à cheval.

Outre la solde desdites deux compagnies à cheval, la Masse leur sera payée sur le pied complet, pour lesdites deux compagnies seulement, à raison de dix deniers par jour pour chacun des dix-huit hommes, les Officiers non compris, dont chaque compagnie se trouve composée; & il en sera usé pour la distribution de cette Masse sur le même pied qu'il est ci-dessus réglé à l'égard des troupes légères.

Etat-major.

L'Etat-major dudit régiment sera payé sur le pied par jour de huit livres six sols huit deniers au Colonel, qui n'aura point de compagnie, & de quatre livres à l'Aide-major.

FUSILIERS de MONTAGNE.

Le Corps des Fusiliers de Montagne, composé, par ordonnance du 10 novembre 1748, de cent vingt hommes en trois compagnies de quarante hommes chacune, sera payé sur le pied par jour, savoir:

Compagnie de quarante hommes.

Chaque compagnie, à raison de trois livres au Capitaine en pied, cinquante sols au Capitaine en second, trente sols au Lieutenant, quinze sols à chacun des trois Brigadiers, onze sols à chacun des trois Sous-brigadiers, & neuf sols à chacun des trente-trois Fusiliers & au Tambour.

Retenue pour l'habillement.

Il sera retenu pour l'habillement, armement & équipement desdites trois compagnies, quatre sols par jour sur la solde de chaque Brigadier, trois sols sur celle de chaque Sous-brigadier, & deux sols sur celle de chaque Fusilier & Tambour: Mais comme cette retenue ne peut avoir lieu que pour le nombre d'hommes dont la solde sera payée suivant les revûes, ce qui opéreroit un vuide au Capitaine dans les fonds destinés aux réparations de sa troupe, & Sa Majesté voulant y suppléer, Elle veut bien prendre sur son compte les deux sols affectés à l'habillement, équipement & armement de chaque Fusilier, qui, suivant les revûes, manquera au complet de chaque compagnie, pour composer à la fin de l'année une Masse complète sur le pied ci-dessus, laquelle demeurera entre les mains du Tréſorier général de l'Extraordinaire des guerres, pour être payée ſur la main-levée d'un Inſpecteur d'Infanterie; au moyen de quoi chaque Capitaine ſera chargé de l'entretien général de ſa troupe.

Etat-major. Le Commandant dudit corps recevra cinq livres par jour, tant pour ſes appointemens en ladite qualité, que pour lui tenir lieu de ceux de Capitaine, ne devant être attaché à aucune compagnie; & l'Aide-major cinquante ſols.

VOLONTAIRES de SCHOMBERG. Le régiment de Cavalerie légère des Volontaires de Schomberg, ci-devant ſous le nom de Volontaires de Frieze, composé par ordonnance du 8 janvier 1751, de trois cens ſoixante hommes, en ſix brigades de ſoixante hommes chacune, non compris les Officiers & les Maréchaux-des-logis, ſera payé ſur le pied par jour, ſavoir:

Brigades. Chacune des ſix brigades, composée de ſoixante hommes, à raiſon de douze livres au Capitaine, quatre livres ſeize ſols huit deniers au Capitaine en ſecond, trois livres ſix ſols huit deniers au Lieutenant en premier, deux livres treize ſols quatre deniers au Lieutenant en ſecond, trente ſols au Maréchal-des-logis, huit ſols à chacun des quatre Brigadiers, ſept ſols à chacun des quatre Sous-brigadiers, ſix ſols à chacun des cinquante-un Volontaires, & dix ſols au Trompette.

Etat-major. Et l'Etat-major, ſur le pied, auſſi par jour, de trente-neuf livres ſix ſols huit deniers au Meſtre-de-camp qui n'aura point de compagnie, dix-ſept livres ſix ſols huit deniers au Lieutenant-colonel, auſſi ſans compagnie, treize livres au Major, cinq livres dix ſols à l'Aide-major, quarante-trois ſols quatre deniers à l'Auditeur, pareils quarante-trois ſols quatre deniers à l'Aumônier, trois livres au Chirurgien-major, trente ſols au Maréchal-des-logis tenant lieu de Fourrier; quarante ſols au Prevôt, & pareils quarante ſols au Timbalier & à chacun des quatre Hautbois, vingt-ſix ſols huit deniers au maître Charpentier, & vingt-trois ſols quatre deniers à chacun des ſix Charpentiers.

Au

20. février 1757.

Au moyen du traitement réglé ci-deſſus aux Capitaines chefs de brigade, Sa Majeſté entend qu'ils ne puiſſent rien retenir ſur la ſolde des Brigadiers, Sous-brigadiers, Trompettes & Volontaires, ſoit pour le ferrage des chevaux ou quelque autre choſe que ce ſoit, qui demeurera à la charge deſdits Capitaines. Ordonne Sa Majeſté, qu'ils ſoient tenus de fournir par année, à chacun des hommes de leur brigade, une paire de ſouliers, deux chemiſes, un col, & ce qu'il a été d'uſage juſqu'à préſent de leur donner, indépendamment de leur ſolde.

Maſſe des Volontaires de Schomberg.

Il ſera donné, outre la ſolde ci-deſſus, qui ſera payée ſans aucun retranchement, dix deniers par jour pour chaque Brigadier, Sous-brigadier, Volontaire & Trompette, dont le fonds reſtera entre les mains du Tréſorier, pour compoſer une Maſſe toûjours complète deſtinée à l'habillement des ſix brigades dudit régiment; de laquelle le Tréſorier donnera ſes reconnoiſſances à la fin de l'année, à l'Officier chargé du détail dudit régiment; l'une à titre de Groſſe Maſſe, ſur le pied de ſix deniers par Brigadier, Sous-brigadier, Volontaire & Trompette; & l'autre à titre de Petite Maſſe, pour les quatre deniers reſtans: laquelle Maſſe ſera payée ſur la main-levée de l'Inſpecteur général dans le département duquel ledit régiment ſe trouvera, viſée du Colonel-général de la Cavalerie.

Officiers réformés des troupes légères.

Les Officiers réformés qui ſe trouveront être entretenus à la ſuite des troupes légères, y ſeront payés des appointemens par mois qui leur ont été réglés par les ordres qui les ont attachés à chaque corps, en paſſant préſens aux revûes.

COMPAGNIE de FUSILIERS-GUIDES.

Appointemens & Solde.

La compagnie de Fuſiliers-guides, levée par ordonnance du 26 décembre 1756, pour ſervir dans les armées, & compoſée de vingt-cinq hommes, dont douze à cheval, ſera payée, à commencer du premier janvier 1757, ſuivant ſa compoſition aux revûes des Commiſſaires des guerres, ſur le pied par jour, de quatre livres au Capitaine, vingt-ſept ſols huit deniers au Lieutenant, vingt ſols au Lieutenant en ſecond, treize ſols à chacun des deux Sergens, dont un à cheval ; dix ſols ſix deniers à chacun des deux Caporaux, dont un à cheval ; huit ſols ſix deniers à l'Anſpeſſade, & ſix ſols ſix deniers à chacun des vingt Fuſiliers-guides, dont dix à cheval. Le Capitaine touchera de plus, ſa compagnie étant complète, deux payes de gratification de ſix ſols ſix deniers chacune.

Payes de gratification.

Maſſe.

Outre la ſolde ci-deſſus, il ſera fait un fonds, à commencer dudit jour premier janvier 1757, pour la Maſſe, ſur le pied complet, à raiſon par jour de vingt deniers pour chaque Sergent, & de dix deniers pour chacun des vingt-trois Caporaux, Anſpeſſades & Fuſiliers, tant à pied qu'à cheval, dont il ſera délivré deux billets à la fin de l'année, ainſi qu'il eſt expliqué à l'article de la Maſſe de l'Infanterie françoiſe.

I X.

INFANTERIE SUISSE ET GRISONNE.

Suiſſes & Griſons.

Les cent vingt compagnies des dix régimens Suiſſes & Griſons, formant par ordonnance du premier avril 1756, vingt bataillons, chaque bataillon de ſix compagnies, à cent vingt hommes, les Officiers compris, ſeront payées ſur le pied de ſeize livres par mois pour chaque homme & pour chacune des trente-deux payes de gratification, y compris les cinq payes de ſupplément accordées par l'ordonnance du 6 décembre 1749 ; leſquelles trente-deux payes de gratification ſeront données au Capitaine de chaque compagnie, à tel nombre d'hommes qu'elle paſſe aux revûes des Commiſſaires des guerres.

Appointemens & Solde.

Payes de gratification.

Au moyen du traitement ci-deſſus, chaque Capitaine doit avoir & entretenir dans ſa compagnie, un Capitaine-lieutenant à cent livres par mois, un Lieutenant à ſoixante-quinze livres, un Sous-lieutenant à cinquante livres, un Enſeigne à quarante-ſept livres, deux Sergens à vingt-cinq livres chacun, un autre Sergent & un Fourrier à vingt livres chacun, un Porte-enseigne & un Capitaine d'armes à dix-huit livres chacun, un Prevôt à quinze livres, quatre Caporaux, quatre Anspessades & cent Fusiliers, y compris les Tambours & Fifre: Voulant au surplus Sa Majesté, que dans les compagnies dont les Capitaines ne servent point au corps, le Capitaine-commandant reçoive cent trente livres par mois.

A l'égard des compagnies qui sont composées de deux demi-compagnies, Sa Majesté trouve bon que les Capitaines dont les compagnies seront ainsi couplées, y servent alternativement pendant un an, & que celui des deux qui pourra s'absenter, soit payé comme présent.

Sa Majesté veut bien aussi que les Capitaines commandant les compagnies dont les Capitaines servent à d'autres emplois, s'absentent alternativement; mais Elle ordonne que pendant l'année de leur absence, ils ne reçoivent que cinquante livres par mois, au lieu de cent trente livres qu'ils ont pendant l'année de leur service.

Etat-major.

L'Etat-major de chacun desdits régimens Suisses & Grisons, sera payé sur le pied de mille livres par mois dans le lieu où la compagnie Colonelle se trouvera.

Retenue pour l'absence des Officiers Suisses & Grisons.

S'il arrive qu'un Officier des compagnies des régimens Suisses & Grisons, s'absente sans congé, ou qu'il outrepasse celui qui lui aura été accordé, il sera retenu sur la solde de ladite compagnie, indépendamment de la paye personnelle de l'Officier, huit payes par mois pour l'absence du Capitaine titulaire, Capitaine-commandant & Capitaine-lieutenant; six payes pour celle du Lieutenant, quatre pour celle du Sous-lieutenant, & trois pour celle de l'Enseigne, pendant le temps que l'absence de l'Officier aura duré.

Anciens Commandans des troisièmes bataillons.

Sa Majesté ayant jugé à propos, pour le bien de son service, de mettre par son ordonnance du premier avril 1756, les dix régimens Suisses & Grisons à deux bataillons de six compagnies, au lieu de trois bataillons de quatre compagnies, dont ils étoient chacun composés, son intention est que les Officiers qui commandoient les troisièmes bataillons desdits régimens, Suisses & Grisons, conservent les prérogatives qui étoient attachées à leur emploi, tant qu'ils ne se trouveront pas pourvûs d'un grade supérieur.

Le cas de guerre arrivant que Sa Majesté feroit servir en campagne dans ses armées, les régimens Suisses & Grisons qui sont à son service, il sera alors rendu par Sa Majesté une ordonnance qui fixera l'époque où ils commenceront d'être payés de la solde de guerre, qui est de dix-sept livres huit sols par homme par mois, pour les cent vingt hommes dont chaque compagnie est composée, y compris les Officiers, & des trente-deux payes de gratification attribuées au Capitaine à tel nombre que sa compagnie passe aux revûes des Commissaires des guerres, au lieu de seize livres qu'ils ont en temps de paix, en entretenant les mêmes Officiers par compagnie, aux appointemens ci-dessus expliqués; & l'Etat-major de chaque régiment sera payé sur le pied de dix-neuf cens soixante livres huit sols par mois, au lieu de mille livres qu'il reçoit en temps de paix.

X.

INFANTERIE ETRANGERE.

ALLEMANDS. *DOUZE RÉGIMENS.*

LES vingt-quatre compagnies qui composent les trois bataillons du régiment d'Alsace, & les seize compagnies des deux bataillons de chacun des régimens de Bentheim, la Marck, Royal-Suédois, Royal-Bavière, Lowendal, portées à quatre-vingt-cinq hommes par ordonnance du 16 septembre 1756, & les huit compagnies de chacun des régimens de Bergh, de Nassau-Wzingue, du Prince Louis de Nassau-Saarbruck, de la Dauphine, Saint-Germain, & Royal-Pologne, au moyen de deux compagnies mises d'augmentation dans chacun desdits régimens de Bergh & Royal-Pologne, en conséquence de l'ordonnance du 25 octobre 1756, toutes les compagnies de ces six régimens portées par cette dernière ordonnance, au au même nombre de quatre-vingt-cinq hommes, les Officiers non compris, seront payées sur le pied de treize livres par mois pour chaque homme, & pour les payes de gratification dont il sera fait mention ci-après.

Entend Sa Majesté qu'à commencer du premier octobre 1756, & à mesure qu'il sera présenté aux revûes des Commissaires des guerres, des hommes faisant partie de ladite augmentation, pour les compagnies des six premiers régimens, ils soient payés de leur solde, du jour qu'ils passeront en revûe; & à commencer seulement du 11 novembre dernier, pour les hommes d'augmentation ordonnés en chacune des huit compagnies des six derniers régimens, y compris les deux compagnies nouvelles de chacun des régimens de Bergh & Royal-Pologne.

Compagnies.

Chacune des huit compagnies de chaque bataillon desdits douze régimens d'Infanterie Allemande, composées de quatre-vingt-cinq hommes, & commandées, à commencer du premier octobre 1756 pour celles des six premiers régimens, & du 11 novembre dernier pour celles des six derniers régimens, par un Capitaine en pied, un Capitaine en second, un premier Lieutenant, un second Lieutenant, & un Lieutenant en second, à l'exception des deux premières compagnies de chaque bataillon, où les Enseignes qui y sont attachés pour porter les deux Drapeaux, tiendront lieu de Lieutenant en second; sera payée par mois à raison de quatre-vingt-dix livres au Capitaine en pied, pareilles quatre-vingt-dix livres au Capitaine en second, soixante livres au premier Lieutenant, cinquante-une livres au second Lieutenant, & quarante-huit livres à chacun des Lieutenans en second ou Enseigne: Entendant Sa Majesté qu'il soit payé au Capitaine treize livres par mois pour chacun des quatre-vingt-cinq hommes dont sa compagnie sera composée, & dans laquelle il entretiendra & payera un premier Sergent à treize sols par jour, deux autres à douze sols chacun, un Fourrier & un Capitaine-d'armes à neuf sols chacun, un Fourrier-schutz à huit sols, trois Caporaux, un

Enseignes.

Charpentier de profeſſion, & deux Tambours à ſept ſols, ſix Anſpeſſades & ſix Grenadiers à ſix ſols chacun, & ſoixante-un Fuſiliers à cinq ſols ſix deniers chacun.

Payes de gratification ſur le pied de l'ancienne compoſition des compagnies.

Veut Sa Majeſté que les Capitaines des douze régimens, excepté ceux des deux nouvelles compagnies des régimens de Bergh & Royal-Pologne, continuent de recevoir juſqu'au premier mars prochain, les payes de gratification, à raiſon de treize livres chacune par mois, ſur le pied & ainſi qu'elles ſont réglées par l'ordonnance du premier mai 1752, & qu'à compter dudit jour premier mars prochain, ils reçoivent, ainſi que ceux des compagnies nouvelles des régimens de Bergh & Royal-Pologne, onze payes de gratification comme celles ci-deſſus, leur compagnie étant complète au nombre de quatre-vingt-cinq hommes aux revûes qui en ſeront faites dans le courant dudit mois de mars; neuf payes à quatre-vingt trois hommes, ſept à quatre-vingt-un, cinq à ſoixante-dix-neuf, trois à ſoixante-dix-ſept, deux à ſoixante-quinze, & rien au deſſous dudit nombre de ſoixante-quinze hommes. Entendant au ſurplus Sa Majeſté, que les Officiers des nouvelles compagnies des régimens de Bergh & Royal-Pologne, ſoient payés de leurs appointemens ci-deſſus réglés, à compter du 11 dudit mois de novembre dernier, ainſi que ceux des autres compagnies des ſix derniers régimens.

Payes de gratification ſur le pied de la nouvelle compoſition des compagnies.

Etat-major des ſix premiers régimens Allemands.

L'Etat-major de chacun des régimens Allemands d'Alſace, Bentheim, la Mark, Royal-Suédois, Royal-Bavière & Lowendal, ſera payé ſur le pied par mois, de mille livres au Colonel, cent ſoixante livres au Lieutenant-colonel, indépendamment de leurs appointemens de Capitaine; trois cens livres au Major, cent livres à l'Interprète, quatre-vingt-dix livres à l'Aide-major, qui ne pourra y avoir d'autre charge; quarante-cinq livres à l'Aumônier, cinquante livres à chacun des Chirurgien & Auditeur, quarante livres au Prevôt, vingt livres à chacun des Greffier & Tambour-major, & dix-huit livres à chacun des deux Archers & à l'Exécuteur de juſtice, soixante livres à chacun des Commandans des second & troisième bataillons, outre ce qu'il reçoit comme Capitaine; & quatre-vingt-dix livres à chaque Aide-major desdits bataillons.

Etat-major des six derniers régimens Allemands.

L'Etat-major de chacun des régimens de Bergh, de Nassau-Wzingue, du Prince Louis de Nassau-Saarbruck, la Dauphine, Saint-Germain & Royal-Pologne, d'Infanterie allemande, sera payé sur le pied par mois, de cinq cens soixante livres au Colonel, tant pour lui, indépendamment de son traitement de Capitaine, que pour l'entretien de l'Aumônier, du Chirurgien, de l'Auditeur, du Prevôt, du Greffier, du Tambour-major, des deux Archers & de l'Exécuteur de justice; de cent cinquante livres, aussi par mois, au Lieutenant-colonel, outre son traitement de Capitaine, deux cens livres au Major, & quatre-vingt-dix livres à l'Aide-major.

Le cas de guerre arrivant où Sa Majesté feroit servir en campagne dans ses armées, les régimens d'Infanterie allemande qui sont à son service, il sera alors rendu par Sa Majesté une ordonnance qui fixera l'époque où ils commenceront d'être payés de la solde de guerre, qui est de quatorze livres dix sols par homme par mois, pour les quatre-vingt-cinq hommes dont chaque compagnie est composée, & des onze payes de gratification attribuées au Capitaine, sur le pied des gradations ci-dessus expliquées, au lieu de treize livres qu'ils reçoivent en temps de paix. A l'égard des Etats-majors des six premiers & six derniers régimens, ils continueront d'être payés sur le même pied réglé ci-dessus.

Retenue à titre de Masse sur la Solde des compagnies des douze régimens d'Infanterie Allemande.

Sa Majesté ayant établi par son ordonnance du 31 décembre 1751, une retenue de trois livres par homme par mois, à titre de Masse, sur la paye de treize livres qu'Elle accorde en temps de paix aux compagnies des régimens d'Infanterie allemande, à l'exception des payes de gratification que le Capitaine doit toucher en entier & sans aucune déduction; laquelle retenue doit être faite sur le pied du complet de chaque compagnie, à tel nombre d'hommes qu'elles paſſent aux revûes des Commiſſaires des guerres, & être employée ſur la main-levée qui en ſera donnée par les Inſpecteurs, au payement de l'habillement, l'équipement, l'armement & la petite monture, ſon intention eſt que cette retenue continue d'avoir ſon exécution pendant le temps de paix.

Lorſque Sa Majeſté ſe déterminera à mettre leſdits régimens d'Infanterie allemande à la paye de guerre, qui eſt de quatorze livres dix ſols par homme par mois, au lieu de treize livres dont ils jouiſſent en temps de paix, Elle veut & ordonne, qu'à commencer du jour que leſdits régimens recevront la paye de guerre, la retenue de ladite Maſſe ſoit portée à quatre livres dix ſols par homme par mois, ſur le pied du complet de chaque compagnie, à tel nombre qu'elles paſſent aux revûes des Commiſſaires des guerres, excepté les payes de gratification que le Capitaine doit toucher ſur le pied de quatorze livres dix ſols, ſans aucune déduction; & que l'emploi de cette retenue ſoit affecté au payement de l'habillement, l'équipement, l'armement & la petite monture, ainſi qu'il eſt réglé par ladite ordonnance du 30 décembre 1751; & que dans le cas où il ſe trouvera de l'excédent, la remiſe en ſoit faite à chaque Capitaine, ſur la main-levée de l'Inſpecteur.

Appointemens conſervés aux Commandans des bataillons qui ont été réformés en 1748 & 1749.

Les Officiers qui commandoient les bataillons réformés par les réductions ordonnées dans les régimens d'Infanterie allemande, les 10, 28 décembre 1748 & premier février 1749, & qui ont paſſé avec leur compagnie dans les bataillons reſtés ſur pied, en conſervant le titre & le rang de Commandant de bataillon, continueront de jouir, indépendamment de leur traitement de Capitaine, des mêmes appointemens de ſoixante livres chacun par mois, qu'ils avoient en ladite qualité de Commandant de bataillon, juſqu'à ce qu'ils ſoient remplacés.

Appointemens conſervés aux ſeconds Capitaines en ſecond du régiment Royal-Suédois.

Ceux des ſeconds Capitaines en ſeconds, qui ont été conſervés dans les ſeize compagnies du régiment Royal-Suédois, par ordonnance des 10 décembre 1748 & premier février 1749, qui ſe trouveront encore y exiſter; continueront

continueront d'y recevoir les appointemens qui leur ont été réglés, à raiſon par mois, de quatre-vingt-dix livres; leſquelles places de ſeconds Capitaines en ſecond, ſeront éteintes à meſure qu'elles deviendront vacantes, ſoit par la nomination de ceux qui les rempliſſent, à d'autres emplois, ou de quelqu'autre manière que ce ſoit.

Officiers réformés à la ſuite des régimens Allemands.

Les Officiers réformés entretenus à la ſuite deſdits douze régimens, y ſeront payés ſur le pied par mois, de cent livres au Colonel, quatre-vingt-trois livres ſix ſols huit deniers au Lieutenant-colonel, & cinquante livres au Capitaine; à l'exception cependant des Colonels & Lieutenans-colonels, auxquels il auroit été réglé des appointemens différens, dont ils continueront de jouir, en conſéquence des ordres particuliers qui leur ont été expédiés.

Officiers réformés entretenus dans les Places, & qui compoſent les brigades.

Les Officiers réformés qui ſont entretenus dans les Places, ou qui compoſent les brigades deſdits régimens Allemands, continueront de jouir, en conſéquence de l'ordonnance du premier mai 1737 & de l'état y joint, ſavoir; les Capitaines de la première claſſe, de quatre-vingt-dix livres par mois, ceux de la ſeconde de ſoixante livres, ceux de la troiſième de cinquante livres, & ceux de la quatrième de trente-ſept livres dix ſols; & les Lieutenans de la première claſſe de quarante-huit livres, ceux de la ſeconde de trente livres, & ceux de la troiſième de vingt livres.

Les ſieurs de Valbrun, commandant la brigade d'Alſace, & Commerfort, commandant celle de la Marck, continueront d'être payés ſur le pied de quatre-vingt-dix livres par mois à chacun; & ceux qui les remplaceront dans le commandement deſdites brigades, recevront le même traitement.

Le ſieur de Lort, commandant la brigade à la paye françoiſe, recevra, ſuivant l'article VII de ladite ordonnance du premier mai 1737, vingt-cinq livres par mois en ladite qualité, outre les trente-ſept livres dix ſols à lui attribuées, auſſi par mois, en celle de Capitaine.

Régiment d'Infanterie étrangère de Boüillon.

Le régiment d'Infanterie de Boüillon, créé ſur le pied étranger, par ordonnance du 18 janvier 1757, compoſé de deux bataillons de ſix cens quatre-vingts hommes chacun, en huit compagnies de quatre-vingt-cinq hommes, non compris les Officiers, ſera payé ſur le pied ci-après; ſavoir,

Compagnies. Chacune des ſeize compagnies dudit régiment, commandée par un Capitaine en pied, un Capitaine en ſecond, un premier Lieutenant, un ſecond Lieutenant, & un Lieutenant en ſecond; à l'exception des deux premières compagnies par bataillon, à chacune deſquelles il y a un Enſeigne pour porter les drapeaux, qui y tient lieu de Lieutenant en ſecond, à raiſon par mois, de quatre-vingt-dix livres au Capitaine en pied, pareilles quatre-vingt-dix livres au Capitaine en ſecond, ſoixante livres au premier Lieutenant, cinquante-une livres au ſecond Lieutenant, & quarante-huit livres à chacun des Lieutenans en ſecond ou Enſeigne: Voulant Sa Majeſté qu'il ſoit payé au Capitaine treize livres par mois pour chacun des quatre-vingt-cinq hommes dont ſa compagnie doit être compoſée, & dans laquelle il entretiendra & payera un premier Sergent à treize ſols par jour, deux autres Sergens à douze ſols chacun, un Fourrier & un Capitaine d'armes à neuf ſols chacun, un Fourrier-ſchutz à huit ſols, trois Caporaux, un Charpentier de profeſſion, & deux Tambours à ſept ſols, ſix Anſpeſſades & ſix Grenadiers à ſix ſols chacun, & ſoixante-un Fuſiliers à cinq ſols ſix deniers, auſſi chacun par jour. Il ſera accordé de plus à chaque Capitaine en pied, outre ſes appointemens, onze payes de gratification de treize livres chacune, par mois, à commencer du premier juillet prochain, ſa compagnie étant complète au nombre de quatre-vingt-cinq hommes, à la revûe qui en ſera faite dans le courant dudit mois, neuf payes à quatre-vingt-trois hommes, ſept à quatre-vingt-un, cinq à ſoixante-dix-neuf, trois payes à ſoixante-dix-ſept hommes, deux à ſoixante-quinze, & rien au deſſous dudit nombre de ſoixante-quinze hommes.

Payes de gratification.

Entend Sa Majeſté que du jour qu'il y aura cinq hommes à compte des quatre-vingt-cinq qui doivent former chaque compagnie, la solde leur soit payée, à commencer du premier février 1757, à mesure qu'ils se trouveront présens aux quartiers d'assemblée, suivant les revûes des Commissaires des guerres; observant néanmoins que les appointemens des Capitaines & autres Officiers de ces compagnies, ne seront établis que du jour seulement qu'il y aura vingt hommes par compagnie propres à servir.

Etat-major.

L'Etat-major dudit régiment, composé d'un Colonel, un Colonel en second, un Lieutenant-colonel, un Commandant du second bataillon, un Major, deux Aides-majors, & d'un Interprète, sera payé, à compter du premier février 1757, sur le pied par mois, savoir, de trois cens soixante livres au Colonel, tant pour lui en sadite qualité de Colonel, indépendamment de son traitement de Capitaine, que pour l'entretien de l'Aumônier, du Chirurgien, de l'Auditeur, du Prevôt, du Greffier, du Tambour-major, de deux Archers & de l'Exécuteur de justice; de deux cens livres au Colonel en second, qui n'aura point de compagnie; de cent cinquante livres au Lieutenant-colonel, & de soixante livres au Commandant du second bataillon, outre leurs appointemens de Capitaine; deux cens livres au Major, quatre-vingt-dix livres à l'Aide-major de chacun des premier & second bataillons, lesquels ne pourront avoir d'autre charge dans le régiment, & cent livres à l'Interprète.

Retenue à titre de Masse sur la Solde de paix.

Ledit régiment de Boüillon ayant été créé sur le pied étranger, & mis à la même paye des six derniers régimens d'Infanterie Allemande, dont la solde est de treize livres par mois pour chacun des quatre-vingt-cinq hommes dont chaque compagnie doit être composée, & pour les onze payes de gratification attribuées au Capitaine, aux gradations ci-dessus expliquées, l'intention de Sa Majesté est que la retenue qu'Elle a ordonnée le 30 décembre 1751, de trois livres par homme par mois, à titre de Masse, sur la paye de treize livres qu'Elle accorde en temps de paix aux compagnies des régimens d'Infanterie Allemande, à l'exception des payes de gratification que le Capitaine doit toucher en entier, sans aucune déduction, soit pareillement établie dans ledit régiment de Boüillon, à commencer du premier janvier de l'année prochaine 1758, sur le pied du complet de quatre-vingt-cinq hommes par compagnie, & continuera par la suite d'être faite sur le même pied, à tel nombre d'hommes qu'elles passent aux revûes des Commissaires des guerres, à l'exception des payes de gratification que le Capitaine doit toucher, sur le pied de treize livres chacune, sans aucune déduction; pour être ladite retenue employée chaque année, au payement de l'habillement, l'équipement, l'armement & la petite monture, laquelle retenue restera entre les mains du Trésorier, qui en donnera sa reconnoissance à l'Officier chargé du détail, à chaque décompte qu'il fera tous les deux mois, de la subsistance dudit régiment; & le payement de ladite retenue ne sera fait aux Marchands & Fournisseurs, que sur la main-levée qui en sera donnée par les Inspecteurs, lesquels, à chaque revûe d'inspection, constateront ce qui leur sera dû pendant l'année, & l'excédant qui pourra se trouver sur le produit de ladite retenue, sera remis à chaque Capitaine, sur la main-levée qui en sera pareillement donnée par les Inspecteurs.

Retenue à titre de Masse sur la Solde de guerre.

Dans le cas de guerre, si Sa Majesté juge à propos de faire servir ledit régiment de Boüillon en campagne, Elle fixera l'époque qu'il commencera à être mis à la paye de guerre, qui est de quatorze livres dix sols par homme par mois, & pour les payes de gratification attribuées au Capitaine sur le pied des gradations ci-dessus expliquées, au lieu des treize livres qu'ils touchent en temps de paix. Veut & ordonne Sa Majesté qu'à compter du jour que ledit régiment recevra la paye de guerre, la retenue de trois livres pour ladite Masse soit portée à quatre livres dix sols par homme par mois, sur le pied du complet de chaque compagnie, à tel nombre d'hommes qu'elles passent aux revûes des Commissaires des guerres, excepté les payes de gratification que le Capitaine doit toucher, à raison de quatorze livres dix sols chacune, sans aucune déduction; & que l'emploi de cette

cette retenue continue d'être affectée, comme il est dit ci-dessus, au payement de l'habillement, l'équipement, l'armement & de la petite monture.

A l'égard des appointemens des Officiers de l'Etat-major dudit régiment, ils continueront de leur être payés sur le pied ci-dessus réglé, n'ayant aucune augmentation en temps de guerre.

Régiment Royal-Deux-Ponts.

Le régiment Royal-Deux-Ponts, créé par ordonnance du 19 février 1757, & composé de trois bataillons de six cens soixante-dix-huit hommes chacun, divisé en six compagnies de cent treize hommes chacune, sera payé, à commencer du premier avril 1757,

Compagnies.

Chaque compagnie composée d'un Capitaine en pied, un Capitaine en second, un premier Lieutenant, un second Lieutenant, & un Lieutenant en second, à l'exception des deux premières compagnies de chaque bataillon, à chacune desquelles il sera mis un Enseigne pour porter les drapeaux & y tenir lieu de Lieutenant en second, sur le pied par mois, de quatre-vingt-dix livres au Capitaine en pied, pareilles quatre-vingt-dix livres au Capitaine en second, soixante livres au premier Lieutenant, cinquante-une livres au second Lieutenant, & quarante-huit livres à chacun des Lieutenant en second ou Enseigne; il sera payé de plus au Capitaine treize livres par mois, pour chacun des cent treize hommes dont sa compagnie sera composée. Entendant Sa Majesté que dans le nombre de cent treize hommes soient payés & compris un premier Sergent à treize sols par jour, deux autres à douze sols chacun, un quatrième à onze sols, un Fourrier & un Capitaine-d'armes à neuf sols chacun, un Fourrier-schutz à huit sols, quatre Caporaux, un Charpentier de profession & trois Tambours à sept sols chacun, huit Anspessades & huit Grenadiers à six sols, & quatre-vingt-deux Fusiliers à cinq sols six deniers chacun aussi par jour.

Payes de gratification.

Le Capitaine recevra de plus quatorze payes de gratification de treize livres chacune par mois, à commencer dudit jour premier avril 1 7 5[illegible] compagnie étant complète audit nombre de cent treize hommes aux revûes des Commissaires ordinaires des guerres, douze à cent dix, dix à cent huit, huit à cent six, six à cent quatre, quatre à cent deux, ne devant être payé que pour les effectifs, lorsque sa compagnie se trouvera au dessous dudit nombre de cent deux hommes.

Etat-major. L'Etat-major dudit régiment, composé d'un Colonel-lieutenant, un Lieutenant-colonel, un Commandant de chacun des second & troisième bataillons, un Major, trois Aides-majors & un Interprète, sera payé sur le pied par mois, savoir; au Colonel-lieutenant de cinq cens soixante livres, tant pour lui en sa qualité de Colonel, indépendamment de son traitement de Capitaine, que pour l'entretien de l'Aumônier, du Chirurgien, de l'Auditeur, du Prevôt, du Greffier, du Tambour-major, des deux Archers & de l'Exécuteur de justice, de cent cinquante livres par mois au Lieutenant-colonel, de soixante livres au Commandant de chacun des second & troisième bataillons, outre leur traitement de Capitaine; de deux cens livres au Major, de quatre-vingt-dix livres à chacun des trois Aides-majors qui ne pourront avoir d'autre charge dans le régiment, & de cent livres à l'Interprète.

Retenue à titre de Masse sur la Solde des compagnies du régiment Royal-Deux-Ponts. A l'égard de la retenue à titre de Masse, elle sera faite conformément à ce qui est ordonné pour les régimens d'Infanterie allemande, sur le pied de trois livres par homme par mois, ce régiment étant à la paye de paix, qui est de treize livres, & de quatre livres dix sols aussi par homme par mois, lorsque le régiment sera à la paye de guerre, qui est de quatorze livres dix sols par homme par mois, non compris les payes de gratification qui doivent être remises au Capitaine sans aucune déduction.

Dans le cas où Sa Majesté fera servir dans ses armées le régiment Royal-Deux-Ponts, Elle fixera l'époque que ce régiment commencera à être mis à la solde de guerre, qui est de quatorze livres dix sols par homme par mois,

20. fevrier 1757.

au lieu de treize livres qu'ils touchent en temps de paix; à l'égard des appointemens des Officiers de l'Etat-major, ils continueront de leur être payés sur le pied ci-dessus réglé, n'ayant aucune augmentation d'appointemens en temps de guerre.

Royal-Italien.

Le régiment Royal-Italien, ci-devant composé de treize compagnies, dont une de Grenadiers de quarante-cinq hommes, & douze de Fusiliers de quarante hommes chacune, faisant au total cinq cens vingt-cinq hommes, porté par ordonnance du 29 janvier 1757, à six cens quatre-vingt-cinq hommes en neuf compagnies, dont une de quarante-cinq Grenadiers, & huit de Fusiliers de quatre-vingts hommes, au moyen de la décomposition des douze anciennes compagnies de Fusiliers pour n'en former que huit de soixante hommes, & des vingt hommes ordonnés d'augmentation en chacune de ces huit compagnies pour les mettre audit nombre de quatre-vingts hommes, sera payé de ses appointemens & solde sur le pied de sa nouvelle composition, à commencer du premier mars 1757, suivant le nombre d'hommes où ledit régiment passera aux revûes des Commissaires des guerres, savoir;

Compagnie de Grenadiers.

La compagnie de Grenadiers, composée d'un Capitaine, un Lieutenant, un Lieutenant en second, trois Sergens, trois Caporaux, cinq Anspessades, trente-trois Grenadiers & un Tambour, à raison de six livres par jour au Capitaine, trois livres quatre sols au Lieutenant, deux livres au Lieutenant en second, dix-neuf sols au premier Sergent, quinze sols à chacun des deux autres, dix sols dix deniers à chaque Caporal, neuf sols cinq deniers à chaque Anspessade, huit sols à chaque Grenadier, & neuf sols cinq deniers au Tambour. Le Capitaine recevra de plus six payes de gratification de huit sols chacune, sa compagnie étant complète de quarante-cinq hommes, trois à quarante-quatre, une seulement à quarante-trois, & rien au dessous dudit nombre de quarante-trois hommes.

Compagnies de Fusiliers. Chacune des huit compagnies de Fusiliers, composée d'un Capitaine, un Capitaine en second, un Lieutenant, un Lieutenant en second, cinq Sergens, cinq Caporaux, sept Anspessades, quinze Appointés, quarante-six Fusiliers & deux Tambours, sera payée sur le pied de cinq livres par jour au Capitaine, trois livres au Capitaine en second, deux livres au Lieutenant, trente sols au Lieutenant en second, dix-huit sols au premier Sergent, quatorze sols à chacun des quatre autres, neuf sols dix deniers à chaque Caporal, huit sols cinq deniers à chaque Anspessade, sept sols six deniers à chaque Appointé, sept sols à chaque Fusilier, & huit sols cinq deniers à chacun des deux Tambours; le Capitaine recevra de plus dix payes de gratification de sept sols chacune, sa compagnie étant complète de quatre-vingts hommes, huit à soixante-dix-neuf, six à soixante-dix-huit, quatre à soixante-dix-sept, deux à soixante-seize, une à soixante-quinze, & rien au dessous dudit nombre de soixante-quinze hommes. *Payes de gratification.* Et attendu la décomposition dudit régiment qui portera chacune des huit compagnies de Fusiliers à soixante hommes, non compris l'augmentation ordonnée, Sa Majesté entend que les Capitaines dont les compagnies se trouveront audit nombre de soixante hommes, reçoivent sept payes de gratification de sept sols chacune, jusqu'à ce qu'elles se trouvent au complet de quatre-vingts hommes, & alors les Capitaines toucheront les dix payes de gratification ci-dessus fixées.

Comme par la nouvelle composition dudit régiment, les deux derniers Capitaines se trouveront sans compagnie, Sa Majesté entend qu'ils soient attachés aux premières compagnies de Fusiliers, & qu'ils y tiennent lieu de Capitaine en second, en continuant de recevoir chacun les cinq livres d'appointemens par jour dont ils jouissent; & ce en attendant leur remplacement aux premières compagnies vacantes dans le régiment, auxquelles Sa Majesté veut qu'ils soient nommés suivant leur rang, & de préférence aux autres Capitaines réformés.

Ceux

Ceux des Capitaines en fecond ou réformés, attachés actuellement audit régiment Royal-Italien, qui fe trouveront d'excédant au nombre de huit Capitaines en fecond, réglé par ladite ordonnance du 29 janvier 1757, rempliront la troifième place d'Officier aux compagnies de Fufiliers, fous le titre de fecond Capitaine en fecond, pour y tenir lieu de Lieutenant, & en faire le fervice, aux appointemens de trois livres par jour ci-deffus réglés aux Capitaines en fecond; lefquelles places de feconds Capitaines en fecond ne feront remplies à mefure qu'elles deviendront vacantes, que par des Lieutenans aux appointemens de quarante fols par jour.

Officiers réformés de Royal-Italien.

L'intention de Sa Majefté eft que les Lieutenans réformés dudit régiment, qui ont des appointemens de réforme, foient placés à des Lieutenances ou Lieutenances en fecond, aux appointemens qui font attachés auxdits emplois, & que ceux dont ils jouiffent à titre de réforme demeurent alors fupprimés; voulant Sa Majefté que ceux d'entr'eux qui ne feront pas jugés capables de remplir lefdites places de Lieutenans & Lieutenans en fecond, ceffent d'être payés de leurs appointemens de réforme, qui feront éteints.

Sa Majefté ayant fupprimé par fa même ordonnance du 29 janvier 1757, les deux Enfeignes dudit régiment, Elle veut qu'ils foient nommés à des Lieutenances ou des Lieutenances en fecond, & que les deux drapeaux du régiment, dont un fera à la compagnie qui aura le nom de compagnie Colonelle, foient portés par les Lieutenans en fecond des compagnies où ces drapeaux feront attachés.

L'Etat-major dudit-régiment fera payé, à compter du premier mars 1757, fur le pied par jour, de trente livres au Colonel, douze livres au Lieutenant-colonel, pour leurs appointemens tant en leurdite qualité, qu'en celle de Capitaine, ne devant plus avoir de compagnie, dix livres au Major, cinq livres à l'Interprète, quatre livres à l'Aide-major, trente fols au Maréchal-des-logis, quarante fols à l'Aumônier, quinze fols au Chirurgien, dix fols au

Etat-major de Royal-Italien.

Tambour-major, deux livres au Prevôt, vingt sols à son Lieutenant, douze sols six deniers au Greffier, & huit sols quatre deniers à chacun des cinq Archers, & à l'Exécuteur de justice.

Commandans des second & troisième bataillons réformés de Royal-Italien.

Les Commandans des second & troisième bataillons réformés dudit régiment Royal-Italien, qui ont passé avec leur compagnie dans le bataillon resté sur pied, en conservant le titre & le rang de Commandant de bataillon, continueront de jouir, indépendamment de leurs appointemens de Capitaine, des quarante sols qu'ils avoient chacun par jour en ladite qualité de Commandant de bataillon, jusqu'à ce qu'ils soient nommés à un grade dont les appointemens ne seront pas inférieurs.

Capitaine de Grenadiers de Royal-Italien, réformé.

Le Capitaine réformé de la troisième compagnie de Grenadiers dudit régiment, qui a été supprimée, continuera de recevoir les six livres par jour dont il jouissoit, jusqu'à ce qu'il soit pourvû d'un emploi qui lui procure les mêmes appointemens.

Retenue pour l'habillement de Royal-Italien.

Entend Sa Majesté que la retenue qui doit être faite de l'excédant de Solde pour tenir lieu de Masse & servir à l'habillement, équipement, linge & chaussure des Sergens, Caporaux, Anspessades, Grenadiers, Fusiliers & Tambours, reste entre les mains du Major, pour être remise aux Capitaines, qui seront chargés à l'avenir dudit entretien, & le fonds de ladite retenue ne leur sera délivré qu'après que l'Inspecteur général aura constaté les réparations nécessaires à leur troupe.

RÉGIMENT ROYAL-CORSE.

LE régiment Royal-Corse, ci-devant composé de treize compagnies, dont une de Grenadiers de quarante-cinq hommes, & douze de Fusiliers de quarante hommes, faisant au total cinq cens vingt-cinq hommes, porté par ordonnance du 29 janvier 1757 à six cens quatre-vingt-cinq hommes, en neuf compagnies, dont une de quarante-cinq Grenadiers, & huit de Fusiliers de quatre-vingts hommes, au moyen de la décomposition des douze anciennes compagnies de Fusiliers, pour n'en former que huit de soixante hommes, & des vingt hommes ordonnés d'augmentation en chacune de ces huit compagnies, pour les mettre audit nombre de quatre-vingts hommes, sera payé de ses appointemens & solde sur le pied de sa nouvelle composition, à commencer du premier mars prochain, suivant le nombre d'hommes où ledit régiment passera aux revûes des Commissaires des guerres, savoir;

Compagnie de Grenadiers.

La compagnie de Grenadiers, composée d'un Capitaine, un Lieutenant, un Lieutenant en second, trois Sergens, trois Caporaux, cinq Anspessades, trente-trois Grenadiers & un Tambour, à raison de six livres par jour au Capitaine, trois livres quatre sols au Lieutenant, quarante sols au Lieutenant en second, dix-neuf sols au premier Sergent, quinze sols à chacun des deux autres, dix sols dix deniers à chaque Caporal, neuf sols cinq deniers à chaque Anspessade, huit sols à chaque Grenadier, & neuf sols cinq deniers au Tambour; le Capitaine recevra de plus six payes de gratification de huit sols chacune, sa compagnie étant complète de quarante-cinq hommes, trois à quarante-quatre, une seulement à quarante-trois, & rien au dessous dudit nombre de quarante-trois hommes.

Compagnies de Fusiliers.

Chacune des huit compagnies de Fusiliers, composée d'un Capitaine, un Capitaine en second, un Lieutenant, un Lieutenant en second, cinq Sergens, cinq Caporaux, sept Anspessades, quinze Appointés, quarante-six Fusiliers & deux Tambours, sera payée sur le pied par jour, savoir; de cinq livres au Capitaine, trois livres au Capitaine en second, quarante sols au Lieutenant, trente sols au Lieutenant en second, dix-huit sols au premier Sergent, quatorze sols à chacun des quatre autres, neuf sols dix deniers à chaque Caporal, huit sols cinq deniers à chaque Anspessade, sept sols six deniers à chaque Appointé, sept sols à chaque Fusilier, & huit sols cinq deniers à chacun des deux Tambours; le Capitaine recevra de plus dix payes de gratification de sept sols chacune, sa compagnie étant complète de quatre-vingts hommes, huit à soixante-dix-neuf, six à soixante-dix-huit, quatre à soixante-dix-sept, deux à soixante-seize, une à soixante-quinze, & rien au deſſous dudit nombre de ſoixante-quinze hommes. Et attendu la décompoſition dudit régiment, qui portera chacune des huit compagnies de Fuſiliers à ſoixante hommes, non compris l'augmentation ordonnée le 29 janvier 1757, Sa Majeſté entend que les Capitaines dont les compagnies ſe trouveront audit nombre de ſoixante hommes, reçoivent ſept payes de gratification de ſept ſols chacune, juſqu'à ce qu'elles ſe trouvent au complet de quatre-vingts hommes, & alors les Capitaines toucheront les dix payes de gratification ci-deſſus fixées.

Sa Majeſté ayant ſupprimé, par ſa même ordonnance du 29 janvier 1757, les deux Enſeignes dudit régiment, ſon intention eſt qu'ils paſſent à des Lieutenances ou Lieutenances en ſecond, & que les deux drapeaux du régiment, dont un ſera à la compagnie qui aura le nom de compagnie Colonelle, ſoient portés par les Lieutenans en ſecond des compagnies où ces drapeaux ſeront attachés. Veut pareillement Sa Majeſté que le Capitaine réformé qui eſt actuellement attaché au régiment Royal-Corſe, rempliſſe de préférence une des places de Capitaine en ſecond, aux appointemens ci-deſſus réglés, au lieu de ceux dont il jouit, & que les Lieutenans réformés dudit régiment ſoient placés à des Lieutenances ou des Lieutenances en ſecond, dont les appointemens attachés à ces emplois leur tiendront lieu de ceux dont ils jouiſſent à titre de réforme, qui demeureront ſupprimés du jour qu'ils y ſeront nommés; & que ceux d'entr'eux qui ne ſeront pas jugés capables de remplir ces places, ceſſent d'être payés de leurs appointemens de réforme, qui demeureront éteints.

E'tat-major de Royal-Corſe.

L'E'tat-major dudit régiment ſera compoſé & payé, à compter dudit jour premier mars prochain, ſur le pied par jour, de trente livres au Colonel, douze livres au Lieutenant-colonel, pour leurs appointemens, tant en ladite qualité qu'en celle de Capitaine, ne devant point avoir de compagnie; dix livres au Major, cinq livres à l'Interprète, quatre livres à l'Aide-major, trente ſols au Maréchal-

Maréchal-des-logis, deux livres à l'Aumônier, quinze sols au Chirurgien & dix sols au Tambour-major.

Colonel en second. Le Colonel en second du régiment Royal-Corse, sera payé, à commencer du 23 juillet 1756, des deux mille livres d'appointemens par an qui lui ont été réglés, en passant présent aux revûes des Commissaires des guerres.

Retenue pour l'habillement. Entend Sa Majesté que la retenue qui doit être faite de l'excédant de solde, pour tenir lieu de Masse & servir à l'habillement, équipement, linge & chaussure des Soldats du régiment, reste entre les mains du Major, pour être remise aux Capitaines, qui seront chargés à l'avenir dudit entretien, & le fonds de ladite retenue ne leur sera délivré qu'après que l'Inspecteur général aura constaté les réparations nécessaires à leur troupe.

Officiers réformés de Royal-Italien & Royal-Corse. Les Colonels & Lieutenans-colonels réformés à la suite des régimens Royal-Italien & Royal-Corse, seront payés des appointemens qui leur ont été ci-devant réglés, en passant présens aux revûes, sur le pied par mois de cent livres au Colonel & de quatre-vingt-trois livres six sols huit deniers au Lieutenant-colonel; à l'exception cependant des Colonels & Lieutenans-colonels auxquels il a été réglé des appointemens différens, dont ils continueront de jouir en conséquence des ordres particuliers qui leur ont été expédiés.

INFANTERIE IRLANDOISE & ÉCOSSOISE. LES régimens d'Infanterie Irlandoise de Bulkeley, Clare, Dillon, Roth & Berwick; & ceux d'Infanterie Écossoise de Royal-Écossois & d'Ogilvy, établis par ordonnances des 15 juillet & 20 septembre 1756, à cinq cens vingt-cinq hommes chacun, & portés par celle du 20 décembre dernier, à sept cens cinq hommes en treize compagnies par régiment, dont une de Grenadiers de quarante-cinq hommes, & douze de Fusiliers de cinquante-cinq hommes chacune, seront payés sur le pied de leur nouvelle composition, à commencer du premier janvier 1757, pour le nombre d'hommes qui seront présens aux revûes des Commissaires des guerres, savoir;

Compagnie de Grenadiers. La compagnie de Grenadiers, composée d'un Capitaine, un Capitaine en ſecond, un Lieutenant, un Lieutenant en ſecond, & de deux Sergens, trois Caporaux, trois Anſpeſſades, trente-ſix Grenadiers & un Tambour, à raiſon par jour, de ſix livres au Capitaine, trois livres ſix ſols huit deniers au Capitaine en ſecond, trois livres dix ſols au Lieutenant, trente ſols au Lieutenant en ſecond, ſeize ſols à chacun des Sergens, onze ſols ſix deniers à chaque Caporal, dix ſols ſix deniers à chaque Anſpeſſade, & neuf ſols ſix deniers à chaque Grenadier & au Tambour. Le Capitaine recevra de plus trois payes de gratification de neuf ſols ſix deniers chacune, ſa compagnie étant complète de quarante-cinq hommes, deux à quarante-quatre, une ſeulement à quarante-trois, & rien au deſſous dudit nombre de quarante-trois hommes.

Compagnies de Fuſiliers. Chacune des douze compagnies de Fuſiliers, de cinquante-cinq hommes, au moyen des quinze d'augmentation ordonnés le 20 décembre 1756, composée d'un Capitaine, un Capitaine en ſecond, un Lieutenant, un Lieutenant en ſecond, & de trois Sergens, quatre Caporaux, quatre Anſpeſſades, quarante-trois Fuſiliers & un Tambour, ſera payée à commencer dudit jour 1.er janvier 1757, pour le nombre d'hommes qui ſeront préſens aux revûes des Commiſſaires des guerres, à raiſon par jour, de cinq livres au Capitaine, trois livres ſix ſols huit deniers au Capitaine en ſecond, quarante-cinq ſols au Lieutenant, trente ſols au Lieutenant en ſecond, quinze ſols à chaque Sergent, dix ſols ſix deniers à chaque Caporal, neuf ſols ſix deniers à chaque Anſpeſſade, & huit ſols ſix deniers à chaque Fuſilier & au Tambour. Le Capitaine recevra de plus juſqu'au premier mai prochain ſeulement, trois payes de gratification de huit ſols ſix deniers chacune, ſa compagnie étant à quarante hommes & au deſſus, deux payes à trente-neuf hommes, une à trente-huit, & rien au deſſous dudit nombre de trente-huit hommes; & à commencer dudit jour premier mai prochain, cinq payes de gratification, auſſi de huit ſols ſix deniers chacune, ſa compagnie étant complète à cinquante-cinq hommes, trois à cinquante-quatre, deux à cinquante-trois, une seulement à cinquante-deux, & rien au dessous dudit nombre de cinquante-deux hommes.

Enseignes.

Chacun des deux Enseignes, pour porter les deux Drapeaux qu'il y a dans chaque régiment, recevra ses appointemens à raison de trente-six sols par jour, conformément aux articles VIII des ordonnances des 15 juillet & 20 septembre 1756.

Les Officiers de l'Etat-major de chacun des régimens de Bulkeley, Clare, Dillon, Roth, Berwick, Royal-Ecossois & d'Ogilvy, en conséquence des mêmes ordonnances des 15 juillet & 20 septembre 1756, seront payés de leurs appointemens ainsi qu'il suit:

Etat-major des régimens de Bulkeley, Clare, Dillon, Royal-Ecossois & d'Ogilvy.

Pour chacun des régimens de Bulkeley, Clare, Dillon, Royal-Ecossois & d'Ogilvy, à raison par jour, savoir; au Colonel dix-huit livres six sols huit deniers, tant pour ses appointemens en ladite qualité, que pour lui tenir lieu de ceux de Capitaine, ne devant point avoir de compagnie; au Lieutenant-colonel, aussi sans compagnie, sept livres cinq sols d'appointement, & quatre livres douze sols neuf deniers un tiers à titre d'augmentation de traitement, indépendamment de la gratification attachée à sa charge dont il continuera de jouir; six livres treize sols quatre deniers au Major, trois livres à l'Aide-major, quarante sols à l'Aumônier, trente sols à chacun des Chirurgien & Maréchal-des-logis, cinq livres à l'Interprète de chacun desdits cinq régimens, & pareilles cinq livres au second Interprète attaché au régiment Royal-Ecossois par l'article III de l'ordonnance du 20 décembre 1748, concernant l'incorporation du régiment d'Albanie.

Le Colonel de chacun desdits cinq régimens, continuera de jouir de la pension de quatre mille sept cens livres attachée à sa charge, au moyen de quoi il ne pourra rien retenir sur la solde & la Masse des Sergens, Caporaux, Anspessades, Grenadiers, Soldats & Tambours, qui doivent recevoir leur paye entière, à la déduction seulement de ce qui sera mis à la Masse pour leur habillement.

Etat-major des régimens de Roth & Berwick avec Prevôté.

Et pour l'Etat-major de chacun des régimens Irlandois de Roth & Berwick, à raison par jour, savoir; au Colonel douze livres dix sols, tant pour ses appointemens en ladite qualité, que pour lui tenir lieu de ceux de Capitaine, ne devant point avoir de compagnie; au Lieutenant-colonel, aussi sans compagnie, sept livres cinq sols d'appointemens, & quatre livres douze sols neuf deniers un tiers à titre d'augmentation de traitement, indépendamment de la gratification attachée à sa charge, dont il continuera de jouir; au Major six livres treize sols quatre deniers, à l'Aide-Major trois livres; quarante sols à l'Aumônier, trente sols au Chirurgien, vingt-cinq sols au Maréchal-des-logis, vingt-six sols huit deniers au Prevôt, treize sols quatre deniers à son Lieutenant, huit sols quatre deniers au Greffier, cinq sols à chacun des cinq Archers & à l'Exécuteur de justice.

Le Colonel de chacun desdits deux régimens de Roth & Berwick, continuera de jouir de la pension de mille livres par an attachée à sa charge, au moyen de quoi il ne pourra rien retenir sur la solde & la Masse des Sergens, Caporaux, Anspessades, Grenadiers, Soldats & Tambours, qui doivent recevoir leur paye entière, à la déduction seulement de ce qui sera mis à la Masse pour leur habillement.

Officiers réformés à la suite des régimens Irlandois & Ecossois.

Les Officiers réformés entretenus à la suite desdits régimens Irlandois & Ecossois, y seront payés, en passant présens aux revûes, sur le pied par mois, de cent livres à chaque Colonel, quatre-vingt-trois livres six sols huit deniers à chaque Lieutenant-colonel, & soixante-six livres treize sols quatre deniers à chaque Capitaine, indépendamment de ceux desdits Officiers réformés qui se trouveront encore employés à la suite des régimens Royal-Ecossois & d'Ogilvy, provenant de l'incorporation qui y a été faite de celui d'Albanie, lesquels seront payés en passant présens aux revûes sur le pied réglé par les ordonnances des 20 décembre 1748 & premier février 1751, savoir; de cent cinquante livres par mois au Lieutenant-

Lieutenant-colonel, cent trente-cinq livres au Capitaine de Grenadiers, cent cinq livres à chaque Capitaine & au Major, quatre-vingt-deux livres dix sols à chaque Capitaine en second, quatre-vingt-dix livres au Lieutenant de Grenadiers, cinquante-deux livres dix sols à chaque Lieutenant, y compris l'Aide-major, & de quarante-cinq livres à chaque Lieutenant en second réformé : à l'égard des Colonels & Lieutenans-colonels auxquels il auroit été réglé des appointemens différens de ceux ci-dessus fixés, ils continueront d'en jouir, en conséquence des ordres particuliers qui leur ont été expédiés.

OUTILS.

Veut Sa Majesté qu'il y ait toûjours en chaque compagnie de son Infanterie françoise & étrangère, dix outils propres à remuer la terre, que les Soldats de chaque chambrée porteront tour à tour avec leurs armes.

INGÉNIEURS.

Les Ingénieurs auxquels Sa Majesté a accordé des réformes, seront payés par le Trésorier général de l'Artillerie & du Génie, ou par ses Commis, dans les places de leur résidence, en vertu des reliefs qui leur seront expédiés de six en six mois, sur le pied de neuf cens livres par an à chaque Colonel, sept cens livres à chaque Lieutenant-colonel, quatre cens cinquante livres à chaque Capitaine, & deux cens quarante livres à chaque Lieutenant.

A l'égard des Ingénieurs retirés du service, auxquels Sa Majesté a bien voulu en se retirant conserver les réformes dont ils jouissoient, ils continueront d'être payés de six en six mois aux lieux qu'ils ont choisis pour leur résidence, par les Commis de l'extraordinaire des guerres, en vertu des reliefs qui leur seront expédiés.

Sa Majesté trouve bon que le sol d'augmentation par jour, accordé à chaque Sergent, & les six deniers à chaque Caporal, Anspessade, Grenadier, Soldat & Tambour de son Infanterie françoise & étrangère, pour s'entretenir de linge & chaussure, leur soit continué pendant les marches, dans les lieux où l'étape sera fournie, même aux trois cens quarante surnuméraires que Sa Majesté a bien voulu entretenir dans son régiment d'Infanterie, sur le pied de cinq en chacune des ſoixante-huit compagnies dont il eſt compoſé; & il ſera payé un ſupplément de ſolde au Corps de l'Artillerie & du Génie, & aux troupes d'Infanterie étrangère, ſur le pied ci-après réglé, article XV de la préſente ordonnance.

X I.

GENDARMERIE.

Gardes-du-corps du Roi.

LES Officiers des Gardes-du-corps du Roi, ſervant à la Cornette, ſeront payés ſur le pied par jour, de ſix livres à chacun des trois Lieutenans, cinq livres à chacun des trois Enſeignes, trois livres à chacun des douze Exempts, l'Aide-major compris, ainſi que le Sous-aide-major établi par ordonnance du 9 juin 1745; quarante ſols à chacun des neuf Brigadiers, trente-cinq ſols à chacun des neuf Sous-brigadiers, trente-trois ſols à chacun des deux cens quatre-vingt-deux Gardes, des ſix Trompettes & un Timbalier, quarante ſols à l'Aumônier, & vingt ſols au Chirurgien: le tout en chacune des quatre compagnies deſdits Gardes-du-corps.

Grenadiers a cheval.

La compagnie des Grenadiers à cheval de Sa Majeſté, compoſée de cent trente Grenadiers, non compris les Tambours, ſera payée ſur le pied par jour, de dix livres au Capitaine-lieutenant, ſix livres à chacun des trois Lieutenans, quatre livres à chacun des trois Sous-lieutenans, trois livres à chacun des trois Maréchaux-des-logis, quarante ſols à chacun des ſix Sergens, trente-un ſols à chacun des trois Brigadiers, vingt-ſix ſols à chacun des ſix Sous-brigadiers, vingt-quatre ſols à chacun des ſix Appointés & un Porte-étendard, vingt-un ſols à chacun des cent huit Grenadiers & quatre Tambours, & quarante ſols à l'Aumônier établi dans ladite compagnie par ordonnance particulière du 9 février 1734.

Gendarmes & Chevaux-légers

Les grands Officiers des compagnies de Gendarmes & des Chevaux-légers de la garde du Roi, & les cinquante Gendarmes & cinquante Chevaux-légers, deux Trompettes & un Timbalier de chaque compagnie, ſervant par quartier près Sa Majeſté, continueront à être payés ſuivant les états & ordres qui ſeront expédiés à cet effet.

DE LA GARDE DU ROI.

Il ſera payé trente ſols par jour à chacun des ſix Brigadiers, ſix Sous-brigadiers, cent trente-huit Gendarmes & Chevaux-légers, & deux Trompettes, de chacune deſdites deux compagnies ſervant à la Cornette; & vingt ſols à chacun des ſept petits Officiers, auſſi de chaque compagnie, ſavoir, un Aumônier, deux Fourriers, deux Chirurgiens, un Sellier & un Maréchal-ferrant.

MOUSQUETAIRES DE LA GARDE DU ROI.

Chacune des deux compagnies de Mouſquetaires de la garde du Roi, ſera payée à raiſon de trente livres par jour au Capitaine-lieutenant, qui eſt vingt livres pour les appointemens de Capitaine, & dix livres pour ceux de Lieutenant; ſix livres treize ſols quatre deniers à chacun des deux Sous-lieutenans, cinq livres à chacun des deux Enſeignes & deux Cornettes; cinquante ſols à chacun des dix Maréchaux-des-logis, quarante-deux ſols à chacun des quatre Brigadiers, quarante ſols à chacun des dix-huit Sous-brigadiers & cent ſoixante-dix-huit Mouſquetaires, cinquante ſols à chacun des quatre Hautbois, & trente ſols à chacun des ſix Tambours & des ſix petits Officiers, ſavoir, un Aumônier, un Chirurgien, un Apothicaire, un Fourrier, un Sellier & un Maréchal-ferrant.

GENDARMERIE. Compagnies de Gendarmes.

Les grands Officiers des dix compagnies de Gendarmes de la Gendarmerie, continueront d'être payés ſuivant les états que Sa Majeſté fera expédier; & les Maréchaux-des-logis, Brigadiers, Sous-brigadiers, Porte-étendards, Gendarmes, Trompettes & Timbaliers, ſur le même pied de ceux des compagnies de Chevaux-légers, ainſi qu'il ſera ci-après expliqué.

Compagnies de Chevaux-légers.

Chacune des ſix compagnies de Chevaux-légers de ladite Gendarmerie, compoſée d'un Capitaine-lieutenant, un Sous-lieutenant, deux Cornettes, quatre Maréchaux-des-logis, deux Brigadiers, deux Sous-brigadiers, un Porte-étendard, ſoixante-dix Chevaux-légers ou Gendarmes, au moyen des vingt-ſept ordonnés le 25 décembre 1756, d'augmentation en chaque compagnie, & deux Trompettes, sera payée à raison par jour de neuf livres au Capitaine-lieutenant, qui est six livres en qualité de Capitaine, & trois livres en celle de Lieutenant, trois livres au Sous-lieutenant; quarante-cinq sols à chaque Cornette, quarante-six sols à chaque Maréchal-des-logis, vingt-six sols six deniers à chaque Brigadier & Sous-brigadier, dix-huit sols quatre deniers au Porte-étendard, quinze sols à chaque Chevau-léger ou Gendarme, & vingt-deux sols à chaque Trompette.

Entend Sa Majesté que les vingt-sept hommes ci-dessus d'augmentation en chacune des dix compagnies de Gendarmes & des six compagnies de Chevaux-légers, reçoivent leur subsistance à mesure qu'ils arriveront au quartier des brigades, & qu'ils passeront présens aux revûes des Commissaires des guerres chargés de la conduite & police de la Gendarmerie.

Il sera payé vingt-deux sols par jour à chacun des huit Timbaliers entretenus dans les huit premières compagnies, & trente sols à chacun des deux Aumôniers de ladite Gendarmerie.

Etat-major de la Gendarmerie. Les Officiers de l'Etat-major de ladite Gendarmerie, étant payés de leurs appointemens à l'Ordinaire des guerres, il n'en sera point fait ici mention.

XII.

CAVALERIE, CARABINIERS, HUSSARDS ET DRAGONS.

Cavalerie Françoise. Les quatre cens quarante-quatre compagnies qui composent les cent onze escadrons des cinquante-cinq régimens de Cavalerie françoise, chaque escadron de quatre compagnies de quarante Maîtres, au moyen des dix hommes dont elles ont été augmentées par ordonnance du premier décembre 1755, seront payées chacune sur le pied par jour, de cinq livres au Capitaine, cinquante sols au Lieutenant, vingt-six sols huit deniers au Maréchal-des-logis, des-logis, huit ſols à chacun des deux Brigadiers, & ſept ſols à chacun des trente-huit Cavaliers, y compris le Trompette & le Timbalier où il doit y en avoir.

Sous-lieutenans & Cornettes en charge dans les régimens Colonel-général, Meſtre-de-camp, & Commiſſaire-général de la Cavalerie.

Le Sous-lieutenant qui eſt dans la compagnie Colonelle du Colonel-général de la Cavalerie, le Cornette-blanc qui eſt dans ladite compagnie, & le Cornette qui eſt en chacune des compagnies Meſtre-de-camp des régimens du Meſtre-de-camp-général & du Commiſſaire-général de la Cavalerie, recevront, ſavoir, le Sous-lieutenant cinquante ſols par jour, le Cornette-blanc & chacun des deux autres, trente-ſept ſols ſix deniers, auſſi par jour.

Cornettes.

Le Cornette entretenu, par ordonnances des 8 ſeptembre 1756 & 5 du mois de janvier 1757, dans chacune des compagnies des cinquante-cinq régimens de Cavalerie françoiſe, à la réſerve de la compagnie Colonelle du Colonel-général & des compagnies Meſtre-de-camp des régimens du Meſtre-de-camp-général & du Commiſſaire-général, où il y en a un en charge, recevra trente-ſept ſols ſix deniers par jour; leſquels appointemens doivent commencer à courir, ſavoir, pour les Cornettes établis en chacun des ſeize régimens de Cavalerie françoiſe, dénommés dans l'ordonnance du 8 ſeptembre 1756, à compter du premier octobre dernier; & pour ceux auſſi établis en chacun des trente-neuf autres régimens de Cavalerie françoiſe, dénommés dans l'ordonnance du 5 du mois de janvier, à commencer ſeulement du premier février 1757.

E'tat-major des trois premiers régimens de la Cavalerie.

Sa Majeſté ayant conſervé par ſes ordonnances des premier ſeptembre & 30 octobre 1748, les compagnies aux Meſtre-de-camps des régimens Colonel, Meſtre-de-camp, & Commiſſaire-général; l'Etat-major de chacun deſdits trois régimens ſera payé ſur le pied par jour, ſavoir, le Lieutenant-colonel, qui ne doit point avoir de compagnie dans le régiment, ſix livres ſix ſols huit deniers d'appointemens, & cinq livres à titre d'augmentation de traitement; cinq livres au Major, & cinquante ſols à l'Aide-major; le Meſtre-de-camp de chacun de ces trois premiers régimens ne devant point avoir d'appointemens, attendu qu'il conserve sa compagnie; trente sols à l'Aumônier, & treize sols six deniers au Chirurgien; lesquels Aumônier & Chirurgien de chaque régiment de Cavalerie françoise seront payés à compter du premier du mois de mars 1757.

E'tat-major des cinquante-deux autres régimens de Cavalerie françoise.

L'Etat-major de chacun des cinquante-deux autres régimens de Cavalerie françoise, sera payé sur le pied par jour, savoir, six livres treize sols quatre deniers au Mestre-de-camp, qui ne doit point avoir de compagnie; le Lieutenant-colonel qui ne doit point aussi avoir de compagnie dans le régiment, le Major, l'Aide-major, l'Aumônier & le Chirurgien, recevront les mêmes appointemens ci-dessus réglés pour ceux des mêmes grades des régimens du Colonel, Mestre-de-camp & Commissaire-général.

Capitaines réformés de Cavalerie Françoise, dernière réforme.

Sa Majesté ayant décidé que les Capitaines réformés de Cavalerie françoise, qui ont été entretenus à la suite des régimens en conséquence des ordonnances des premier septembre, 30 octobre 1748 & 15 mars 1749, seroient dorénavant obligés de servir à leurs corps toute l'année, au lieu des quatre mois auxquels ils étoient ci-devant assujétis, Elle ordonne qu'à commencer du premier janvier 1757, ils reçoivent le même traitement dont ont joui les Capitaines réformés durant la guerre, qui est de quatre-vingt-dix livres par mois, en passant présens aux revûes des Commissaires des guerres.

Capitaines réformés de Cavalerie Françoise, ancienne réforme.

Les Capitaines réformés qui étoient entretenus à la suite des régimens de Cavalerie françoise avant les ordonnances de réforme de 1748 & 1749, & qui se trouveront encore y exister, seront payés de leurs appointemens, à commencer du premier janvier 1757, sur le même pied qu'ils les recevoient pendant la guerre, qui est de quatre-vingt-dix livres par mois, en servant toute l'année à leurs corps, & passant présens aux revûes des Commissaires des guerres.

Lieutenans réformés de Cavalerie françoise, ci-devant en pied.

Les Lieutenans en pied, compris dans les dernières réformes de 1748 & 1749, auxquels il a été alors accordé des appointemens chez eux, par rapport à l'ancienneté de leurs ſervices, & qui ſeront choiſis pour remplir les places de Cornettes établis dans les régimens de Cavalerie françoiſe par les ordonnances des 8 ſeptembre 1756 & 5 janvier 1757, ſeront pourvûs de cette place de troiſième Officier, ſous le titre de Lieutenant en ſecond, en conſervant leurs appointemens de réforme, indépendamment de ceux attribués ci-deſſus au grade de Cornette, & deſquels appointemens de réforme ils ceſſeront de jouir du jour qu'ils ſeront remplacés à des Lieutenances en pied.

Cornettes réformés qui ont été Maréchaux-des-logis.

Les Cornettes réformés qui ont été Maréchaux-des-logis, & qui ſe trouveront entretenus à la ſuite deſdits régimens de Cavalerie françoiſe en qualité de Lieutenans réformés, & ſeront nommés auxdites places de Cornettes ordonnés leſdits jours 8 ſeptembre 1756 & 5 janvier 1757, jouiront des appointemens de trente-ſept ſols ſix deniers par jour qui y ſont attachés, au moyen de quoi ceux de trois cens livres par an qu'ils recevoient comme Lieutenans réformés, ſeront ſupprimés du jour qu'ils auront été nommés auxdites places de Cornettes en pied; voulant Sa Majeſté que ceux deſdits Lieutenans réformés qui ne ſe ſeront pas préſentés pour leſdites places, ou qui n'auront pas été jugés capables d'y être nommés, ceſſent de jouir de leurs appointemens de réforme, & que cette règle ſoit ſuivie pareillement pour leſdites places qui reſteront à remplir ou viendront à vaquer dans les régimens où elles ont été établies par leſdites ordonnances des 8 ſeptembre 1756 & 5 janvier 1757.

ROYAL des CARABINIERS.

Compagnies.

Chacune des quarante compagnies qui compoſent les cinq brigades du régiment Royal-des-Carabiniers, miſes par ordonnance du premier décembre 1755, à quarante Maîtres, au moyen de dix d'augmentation en chaque compagnie, ſera payée ſur le pied par jour, de ſix livres au Capitaine, trois livres au Lieutenant, quarante-cinq ſols au Cornette établi en chaque compagnie par ordonnances des 8 ſeptembre 1756 & 5 janvier 1757, trente ſols au Maréchal-des-logis, neuf ſols à chacun des deux Brigadiers,

& huit ſols à chacun des trente-huit Carabiniers, compris le Trompette & le Timbalier qui eſt en chacune des cinq compagnies Meſtre-de-camp.

Etat-major. Sa Majeſté ayant conſervé par ſon ordonnance du 30 octobre 1748, les compagnies aux Chefs des cinq brigades, & aux Lieutenans-colonels deſdites brigades, ils ne doivent recevoir aucuns appointemens d'Etat-major; & il ſera payé ſix livres par jour au Major de chacune deſdites brigades, & trois livres à l'Aide-major, auſſi de chaque brigade; trente ſols à l'Aumônier, & ſeize ſols deux deniers au Chirurgien, leſquels Aumônier & Chirurgien ſeront payés à commencer du premier mars prochain.

RÉGIMENT de CAVALERIE IRLANDOISE de FILTZJAMES. Chacune des huit compagnies du régiment de Cavalerie Irlandoiſe de Filtzjames, portée à quarante Maîtres par ordonnance du premier décembre 1755, ſera payée ſur le pied par jour, de cinq livres au Capitaine, cinquante ſols au Lieutenant, trente-ſept ſols ſix deniers, à commencer ſeulement du premier février 1757, au *Compagnies.* Cornette établi en chaque compagnie par ordonnance du 5 janvier 1757, vingt-ſix ſols huit deniers au Maréchal-des-logis, dix ſols à chacun des deux Brigadiers, & neuf ſols à chacun des trente-huit Cavaliers, compris le Trompette & le Timbalier où il doit y en avoir.

Etat-major. L'Etat-major ſera payé à raiſon par jour, ſavoir, de ſix livres treize ſols quatre deniers au Meſtre-de-camp; au Lieutenant-colonel ſix livres ſix ſols huit deniers d'appointemens, & cinq livres à titre d'augmentation de traitement: leſquels Meſtre-de-camp & Lieutenant-colonel ne doivent point avoir de compagnie, en conſéquence de ce qui eſt réglé par l'ordonnance du 5 avril 1749; cinq livres au Major, cinquante ſols à l'Aide-Major, trente ſols à l'Aumônier, & treize ſols ſix deniers au Chirurgien: lequel Chirurgien ne ſera payé deſdits appointemens qu'à commencer du premier mars 1757.

Officiers réformés du régiment de Filtzjames. Les Capitaines qui ſe ſont trouvés dans le cas de la réforme, ordonnée dans ledit régiment de Filtzjames le le 15 mars 1749, à la ſuite duquel ils ont été entretenus, ſeront dorénavant obligés d'y ſervir toute l'année, au lieu des quatre mois auxquels ils étoient ci-devant aſſujétis; voulant Sa Majeſté qu'à commencer du premier janvier 1757, ils reçoivent le même traitement dont ont joui les Capitaines réformés dudit régiment durant la guerre, qui eſt de cent vingt livres chacun par mois, en paſſant préſens aux revûes des Commiſſaires des guerres.

Dernières réformes.

Les Capitaines réformés qui étoient entretenus à la ſuite dudit régiment avant la réforme ordonnée les 30 octobre 1748 & 15 mars 1749, & qui ſe trouveront encore y exiſter, ſeront pareillement tenus d'y ſervir toute l'année, au lieu des quatre mois auxquels ils étoient auſſi aſſujétis, & ſeront payés de leurs appointemens à commencer dudit jour premier janvier 1757, ſur le même pied qu'ils en jouiſſoient pendant la guerre, qui eſt de cent vingt livres chacun par mois, en paſſant préſens aux revûes des Commiſſaires des guerres.

Anciennes réformes.

Les Meſtre-de-camps & Lieutenans-colonels entretenus à la ſuite dudit régiment, y ſeront payés à raiſon par mois, de cent vingt-cinq livres au Meſtre-de-camp, & de cent livres au Lieutenant-colonel; à l'exception cependant des Meſtre-de-camps & Lieutenans-colonels auxquels il auroit été réglé des appointemens différens, dont ils continueront de jouir, en conſéquence des ordres particuliers qui leur ont été expédiés.

Meſtre-de-camps & Lieutenans-colonels réformés à la ſuite du régiment de Filtzjames.

Les Lieutenans en pied qui ont été compris dans la réforme ordonnée le 15 mars 1749, dans ledit régiment de Filtzjames, auxquels il a été accordé des appointemens de réforme par rapport à l'ancienneté de leurs ſervices, & qui auront été choiſis pour remplir des places de Cornettes ordonnés dans ledit régiment le 5 janvier 1757, pour en être pourvûs ſous le titre de Lieutenant en ſecond, conſerveront leurſdits appointemens de réforme, indépendamment de ceux de trente-ſept ſols ſix deniers par jour, attribués à chacun deſdits Cornettes; & ce ſeulement juſqu'à ce qu'ils ſoient remplacés Lieutenans

Lieutenans réformes ci-devant en pied.

en pied, & alors leursdits appointemens de réforme seront éteints.

Cornettes réformés qui avoient été Maréchaux-des-logis dans Filtzjames.

Les Cornettes réformés par ordonnance du 30 octobre 1748, qui avoient été Maréchaux-des-logis & ont été entretenus à la suite du régiment en qualité de Lieutenans réformés, & qui auront été remplacés auxdites places de Cornettes ordonnés le 5 janvier 1757, jouiront seulement des appointemens de trente-sept sols six deniers par jour qui y sont attachés; au moyen de quoi ceux de trois cens livres par an, qu'ils recevoient comme Lieutenans réformés, demeureront supprimés du jour de leur nomination auxdites places de Cornettes. Veut Sa Majesté que ceux desdits Lieutenans réformés, qui ne se seront pas présentés pour lesdites places, ou qui n'auront pas été jugés capables d'y être nommés, cessent de jouir de leurs appointemens de réforme, ainsi qu'il est dit à l'article de la Cavalerie françoise.

Rétablissement des appointemens, sur le pied de guerre, des Majors & Aides-majors de la Cavalerie françoise & irlandoise, & du régiment Royal-des-Carabiniers.

Sa Majesté jugeant à propos de rétablir les appointemens des Majors & Aides-majors de sa Cavalerie françoise & irlandoise, & du régiment Royal-des-Carabiniers, sur leur ancien pied pendant la guerre, son intention est que lesdits Majors & Aides-majors continuent de recevoir jusques & compris le dernier février prochain, les appointemens qui leur sont ci-dessus réglés; & à compter du premier mars prochain, Sa Majesté veut qu'ils soient payés de leursdits appointemens sur le pied ci-après expliqué, savoir;

A chaque Major des cinquante-cinq régimens françois, & à celui du régiment irlandois de Filtzjames, six livres par jour, au lieu des cinq livres qu'ils ont en temps de paix, & trois livres à chaque Aide-major desdits régimens, au lieu des cinquante sols qu'ils reçoivent en temps de paix.

Au Major de chacune des cinq brigades du régiment Royal-des-Carabiniers, sept livres par jour, au lieu des six livres seulement qu'ils ont en temps de paix; & trois livres dix sols, aussi par jour, à l'Aide-major de chacune desdites cinq brigades, au lieu des trois livres attachées à leur emploi en temps de paix.

20. février 1757.

RÉGIMENT ROYAL-ALLEMAND.

Compagnies.

Chacune des huit compagnies du régiment Royal-Allemand, portées par ordonnance du premier décembre 1755, à quarante Maîtres, par une augmentation de dix hommes en chaque compagnie, ſera payée ſur le pied par jour, de ſix livres au Capitaine, trois livres au Lieutenant, quarante-cinq ſols au Cornette établi en chaque compagnie par ordonnance du 8 ſeptembre 1756, trente ſols au Maréchal-des-logis, neuf ſols à chacun des deux Brigadiers, & ſept ſols à chacun des trente-huit Cavaliers, y compris les Cadets, Trompettes & Timbalier où il doit y en avoir.

Cadets.

Il ſera en outre payé un ſol par jour à chaque Cadet qui paſſera en revûe dans le nombre deſdits Cavaliers, ſur le certificat du Commandant du régiment.

E'tat-major.

L'E'tat-major du régiment ſera payé à raiſon par jour, de ſix livres treize ſols quatre deniers au Meſtre-de-camp, & cinq livres à chacun des deux Lieutenans-colonels, indépendamment de leurs appointemens de Capitaine; huit livres ſix ſols huit deniers à chacun des deux Majors, cinquante-trois ſols quatre deniers à chacun des deux Aides-majors, vingt-ſix ſols huit deniers au Maréchal-des-logis, trente-trois ſols quatre deniers au Prevôt, vingt-ſix ſols huit deniers à ſon Lieutenant, vingt ſols au Greffier, vingt-ſix ſols huit deniers à chacun des Aumônier & Chirurgien, & quinze ſols à chacun des quatre Archers & à un Exécuteur de juſtice.

RÉGIMENS de WIRTEMBERG & de NASSAU-SAARBRUCK.

Compagnies.

Les huit compagnies de chacun des régimens Allemands de Wirtemberg & Naſſau-Saarbruck, portées, par ordonnance du premier décembre 1755, à quarante Maîtres, au moyen des dix hommes mis d'augmentation en chaque compagnie, ſeront payées chacune ſur le pied par jour, de ſix livres au Capitaine, trois livres au Lieutenant, quarante-cinq ſols au Cornette établi dans chaque compagnie, par ordonnance du 8 ſeptembre 1756, vingt-ſix ſols huit deniers au Maréchal-des-logis, huit ſols à chacun des deux Brigadiers, & ſept ſols à chacun des trente-huit Cavaliers, y compris le Trompette & le Timbalier où il doit y en avoir.

E'tat-major du régiment de Wirtemberg.

L'Etat-major du régiment de Wirtemberg, sera payé sur le pied par jour, savoir, de trois livres six sols huit deniers au Mestre-de-camp, & quarante sols au Lieutenant-colonel, indépendamment de leurs appointemens de Capitaine; huit livres dix sols au Major, trois livres par jour à l'Aide-major, treize sols quatre deniers à l'Aumônier, dont il ne doit commencer à être payé que du premier du mois de mars 1757; treize sols quatre deniers à chacun des Chirurgien & Auditeur, & sept sols six deniers à chacun des Greffier, trois Archers & un Exécuteur.

E'tat-major du régiment de Nassau-Saarbruck.

L'Etat-major du régiment de Nassau-Saarbruck, sera payé à raison par jour, de trois livres six sols huit deniers au Mestre-de-camp, & quarante sols au Lieutenant-colonel, indépendamment de leurs appointemens de Capitaine; six livres treize sols quatre deniers au Major, deux livres treize sols quatre deniers à l'Aide-major, treize sols quatre deniers à l'Aumônier, dont il ne doit commencer à être payé que du premier mars 1757, & pareils treize sols quatre deniers au Chirurgien qui a été conservé dans ledit régiment lors des dernières réformes.

Capitaines réformés à la suite des régimens de Cavalerie allemande.

Les Capitaines qui se sont trouvés dans le cas de la réforme ordonnée les 30 octobre 1748 & 15 mars 1749, & qui ont été entretenus à la suite des régimens Royal-Allemand, Wirtemberg & Nassau, & les Capitaines qui y étoient entretenus avant lesdites deux ordonnances de réforme & se trouveront encore y exister, seront obligés de servir dorénavant à leur corps toute l'année, au lieu des quatre mois auxquels ils étoient assujétis: Et Sa Majesté ordonne qu'à commencer du premier janvier 1757, ils reçoivent le même traitement dont ont joui les Capitaines réformés durant la guerre, qui est de quatre-vingt-dix livres chacun par mois, en passant présens aux revûes des Commissaires des guerres.

Mestre-de-camps & Lieutenans-colonels réformés de Cavalerie allemande.

Les Mestre-de-camps & Lieutenans-colonels entretenus à la suite desdits trois régimens, y seront payés à raison par mois, de cent livres au Mestre-de-camp, & quatre-vingt-trois livres six sols huit deniers au Lieutenant-colonel;

colonel ; à l'exception cependant des Mestre-de-camps & Lieutenans-colonels auxquels il auroit été réglé des appointemens différens, dont ils continueront de jouir, en conséquence des ordres particuliers qui leur ont été expédiés.

Lieutenans réformés de Cavalerie allemande, ci-devant Lieutenans en pied.

Les Lieutenans en pied qui ont été compris dans les réformes ordonnées les 30 octobre 1748 & 15 mars 1749, dans lesdits régimens de Royal-Allemand, Wirtemberg & Nassau-Saarbruck, auxquels il a été accordé des appointemens de réforme par rapport à l'ancienneté de leurs services, & qui auront été choisis pour remplir des places de Cornettes ordonnés le 8 septembre 1756, sous le titre de Lieutenant en second, conserveront leurs appointemens de réforme, indépendamment de ceux de quarante-cinq sols par jour réglés à chaque Cornette; & ce jusqu'à ce qu'ils soient remplacés à des Lieutenances en pied, & alors leursdits appointemens de réforme demeureront éteints.

Cornettes réformés de Cavalerie allemande, qui ont été Maréchaux-des-logis.

Les Cornettes réformés qui auront été Maréchaux-des-logis, & entretenus à la suite desdits trois régimens en qualité de Lieutenans réformés, & qui ont été ou seront nommés auxdites places de Cornettes ordonnés le 8 septembre 1756, jouiront des appointemens de quarante-cinq sols par jour qui y sont attachés; & ceux de trois cens livres par an qu'ils avoient comme Lieutenans réformés, seront supprimés du jour qu'ils auront été nommés auxdites Cornettes: Voulant Sa Majesté que ceux desdits Lieutenans réformés qui ne se seront pas présentés pour lesdites places de Cornettes, ou qui n'auront pas été jugés capables d'y être nommés, cessent de jouir de leurs appointemens de réforme, comme il est dit ci-dessus à l'article de la Cavalerie françoise.

HUSSARDS.

CHACUN des trois régimens de Hussards de Berchiny, Turpin & Polleresky, au moyen de l'incorporation qui y a été faite de ceux de Lynden, Beausobre & Ferrary, en conséquence de l'ordonnance du 30 octobre 1756, & des augmentations prescrites par la même ordonnance, composé de six cens hommes, formant quatre escadrons en huit compagnies de soixante-quinze hommes chacune, à raison de deux compagnies par escadron.

Compagnies.

Chacune desdites huit compagnies par régiment, composée d'un Capitaine, un premier Lieutenant, un second Lieutenant, un Cornette, deux Maréchaux-des-logis, un Fourrier, six Brigadiers, soixante-sept Hussards, & un Trompette ou Timbalier où il doit y en avoir, sera payée sur le pied par jour, de six livres au Capitaine, trois livres au premier Lieutenant, cinquante sols au second Lieutenant, quarante-cinq sols au Cornette, vingt-six sols huit deniers à chacun des Maréchaux-des-logis, douze sols au Fourrier, neuf sols à chacun des Brigadiers, & sept sols à chacun des Hussards, Trompette & Timbalier.

E'tat-major.

L'E'tat-major de chacun desdits régimens de Berchiny, Turpin & Pollereski, composé d'un Mestre-de-camp, d'un Lieutenant-colonel, du Lieutenant-colonel en second provenant de l'incorporation, qui sera le service en ladite qualité de Lieutenant-colonel en second, & commandera le régiment après le Lieutenant-colonel titulaire; d'un Major, un Aide-major, un Aumônier & un Chirurgien, sera payé à raison de treize livres six sols huit deniers par jour au Mestre-de camp, dix livres au Lieutenant-colonel, tant pour leurs appointemens en leurdite qualité, que pour leur tenir lieu de ceux de Capitaine, ne devant point avoir de compagnie, huit livres six sols huit deniers au Lieutenant-colonel en second, huit livres dix sols au Major, trois livres à l'Aide-major, trente sols à l'Aumônier, à commencer seulement du premier du mois de mars 1757 pour l'Aumônier, & treize sols quatre deniers au Chirurgien, qui a été conservé à la paix.

Lieutenans-colonels en second de Hussards, provenant de l'incorporation des régimens supprimés.

Entend Sa Majesté que les Lieutenans-colonels en second desdits trois régimens de Hussards, soient remplacés à la Lieutenance-colonelle de celui où ils sont chacun attachés, quand elle viendra à vaquer; & alors la place & les appointemens ci-dessus de Lieutenant-colonel en second seront supprimés.

Les quatre Capitaines les moins anciens des douze qui composoient les trois régimens de Hussards supprimés, qui n'ont pû être conservés comme les huit autres Capitaines, & dont les compagnies ont été incorporées dans les trois régimens restés sur pied, & les Majors desdits trois régimens de Lynden, Beausobre & Ferrary, entretenus tous les sept en qualité de Capitaines réformés à la suite des régimens de Berchiny, Turpin & Polleresky, recevront chacun cinq livres d'appointemens par jour; & ce en attendant leur remplacement aux premières compagnies vacantes dans les régimens où ils sont attachés : Voulant Sa Majesté qu'ils y soient nommés suivant leur rang entr'eux, & de préférence aux autres Capitaines réformés qui peuvent se trouver dans lesdits régimens.

Capitaines reformés à la suite des régimens de Hussards, provenant de l'incorporation.

Les Capitaines réformés qui étoient à la suite des régimens de Lynden, Beausobre & Ferrary avant l'incorporation, & qui ont été distribués dans les régimens de Berchiny, Turpin & Polleresky, & ceux du même grade qui se sont trouvés attachés à ces trois derniers régimens lors de ladite incorporation, seront payés à raison de trois livres d'appointemens par jour, au lieu du traitement qui leur étoit réglé par l'ordonnance du premier février 1751; & ce jusqu'à ce qu'ils aient été choisis pour remplir des compagnies.

Capitaines reformés aux régimens de Hussards, autres que ceux ci-dessus.

Veut Sa Majesté que les appointemens des Officiers desdits régimens de Hussards de Berchiny, Turpin & Polleresky, leur soient payés sur le pied de la nouvelle composition desdits trois régimens, à commencer du 16 novembre dernier; & qu'à compter dumême jour, & à mesure que les hommes ordonnés d'augmentation seront présentés aux revûes des Commissaires des guerres, ils reçoivent leur solde.

LE régiment des Volontaires-Liégeois, ci-devant sous le nom du régiment de Cavalerie légère de Raugrave, porté par ordonnance du 20 novembre 1756, à trois cens hommes, au moyen de deux cens hommes d'augmentation, à raison de cinquante dans chacune des quatre

RÉGIMENT de CAVALERIE des VOLONTAIRES LIÉGEOIS,

ci-devant de CAVALERIE *de* RAUGRAVE.

compagnies de ce régiment, pour les mettre du nombre de vingt-cinq hommes à celui de soixante-quinze, & former deux escadrons de cent cinquante hommes chacun.

Compagnies.

Chacune des quatre compagnies dudit régiment, composée d'un Capitaine, un Lieutenant en premier, un Lieutenant en second, un Cornette, deux Maréchaux-des-logis, un Fourrier, six Brigadiers, soixante-sept Volontaires & un Trompette, sera payée sur le pied par jour, de six livres au Capitaine, trois livres au Lieutenant en premier, deux livres dix sols au Lieutenant en second, quarante-cinq sols au Cornette, vingt-six sols huit deniers à chacun des Maréchaux-des-logis, douze sols au Fourrier, neuf sols à chaque Brigadier, & sept sols à chacun des Volontaires & au Trompette ou Timbalier.

État-major.

L'État-major de ce régiment, composé d'un Mestre-de-camp, un Lieutenant-colonel, un Major, un Aide-major, établi par ladite ordonnance du 20 novembre 1756, un Aumônier, aussi établi par la même ordonnance, & d'un Chirurgien, sera payé à raison par jour de treize livres six sols huit deniers au Mestre-de-camp, dix livres au Lieutenant-colonel, tant pour leurs appointemens en leurdite qualité, que pour leur tenir lieu de ceux de Capitaine, ne devant point avoir de compagnie; huit livres dix sols au Major, trois livres à l'Aide-major, trente sols à l'Aumônier, & treize sols quatre deniers au Chirurgien.

Veut Sa Majesté qu'à compter du premier du mois de décembre dernier, & à mesure que les hommes ordonnés d'augmentation dans ledit régiment, seront présentés aux revûes qui en seront faites par les Commissaires des guerres, ils soient payés de leur solde, & que les appointemens des Officiers courent également dudit jour premier décembre, sur le pied réglé ci-dessus.

Capitaines ci-devant réformés à la suite dudit régiment des Volontaires-Liégeois, avant l'augmentation.

Les Capitaines réformés qui étoient entretenus à la suite dudit régiment avant l'augmentation ordonnée le 20 novembre 1756, & qui y sont encore, jouiront, à commencer dudit jour premier décembre dernier, de trois livres d'appointemens chacun par jour, au lieu

lieu du traitement qui leur étoit réglé par l'ordonnance du premier février 1751; & ce jusqu'à ce qu'ils aient été nommés à des compagnies.

Lieutenans ci-devant réformés à la suite dudit régiment avant l'augmentation.

Les Lieutenans réformés qui étoient entretenus à la suite dudit régiment avant ladite ordonnance d'augmentation du 20 novembre dernier, & qui remplissent les places de Lieutenans en second & de Cornettes, cesseront de recevoir les appointemens qu'ils avoient en ladite qualité de Lieutenans réformés, à compter aussi du premier dudit mois de décembre dernier qu'ils doivent être payés comme Lieutenans en second ou Cornettes.

RÉGIMENT de CAVALERIE des VOLONTAIRES de NASSAU-SAARBRUCK. Compagnies.

LE régiment de Cavalerie allemande des Volontaires de Nassau-Saarbruck, créé par ordonnance du 18 novembre 1756, & composé de trois cens hommes en quatre compagnies de soixante-quinze hommes chacune, formant deux escadrons à cent cinquante-hommes; chaque compagnie commandée par un Capitaine, un Lieutenant en premier, un Lieutenant en second, un Cornette, deux Maréchaux-des-logis, & composée d'un Fourrier, six Brigadiers, soixante-sept Volontaires à cheval & un Trompette, sera payée à raison par jour, de six livres au Capitaine, trois livres au Lieutenant en premier, cinquante sols au Lieutenant en second, quarante-cinq sols au Cornette, vingt-six sols huit deniers à chacun des Maréchaux-des-logis, douze sols au Fourrier, neuf sols à chaque Brigadier, & sept sols à chaque Volontaire, & au Trompette ou Timbalier.

Entend Sa Majesté que du jour qu'il y aura eu cinq hommes à compte des soixante quinze de chaque compagnie, la solde leur soit payée, à commencer du premier décembre dernier, à mesure qu'ils se trouveront présens aux quartiers d'assemblée, suivant les revûes des Commissaires des guerres; voulant néanmoins Sa Majesté que les appointemens des Capitaines & autres Officiers des compagnies, ceux des Maréchaux-des-logis, & la paye des Brigadiers, ne soient payés que du jour seulement qu'il y aura vingt hommes à pied, ou dix à cheval pour chaque compagnie.

État-major. L'État-major dudit régiment, composé d'un Mestre-de-camp, un Lieutenant-colonel, un Major, un Aide-major, un Aumônier, un Chirurgien & un Prevôt, sera payé, à compter du premier du mois de décembre dernier, sur le pied par jour de trois livres six sols huit deniers au Prince de Nassau-Saarbruck, en sa qualité de Mestre-de-camp, indépendamment de ses appointemens de Capitaine de la première des quatre compagnies dudit régiment; de dix livres au Lieutenant-colonel, tant pour ses appointemens en cette qualité, que pour lui tenir lieu de ceux de Capitaine, ne devant point avoir de compagnie; huit livres dix sols au Major, trois livres à l'Aide-major, trente sols à l'Aumônier, treize sols quatre deniers au Chirurgien, & vingt sols au Prevôt.

DRAGONS. CHAÇUN des seize régimens de Dragons, mis par ordonnance du 18 août 1755, à quatre escadrons de cent soixante hommes chacun en quatre compagnies de quarante Dragons montés, faisant en total six cens quarante hommes par régiment, recevront leurs appointemens & solde, savoir; *Compagnies.* chacune des seize compagnies de chaque régiment, composée d'un Capitaine, un Lieutenant, un Cornette dont il sera ci-après parlé, un Maréchal-des-logis, deux Brigadiers, trente-sept Dragons & un Tambour, sera payée à raison par jour, de quatre livres dix sols au Capitaine, quarante sols au Lieutenant, vingt sols au Maréchal-des-logis, sept sols six deniers à chaque Brigadier, & six sols six deniers à chaque Dragon & au Tambour.

Cornettes. Le Cornette établi par ordonnance du 5 janvier 1757, en chaque compagnie, à la réserve de la compagnie Générale du régiment Colonel-général des Dragons & de la compagnie du Mestre-de-camp-général desdits Dragons, en chacune desquelles il y en a un en charge, recevra trente sols par jour d'appointemens, à compter seulement du premier du mois de février 1757.

Officiers en charge dans les régimens du Colonel & Mestre- Le Sous-lieutenant & le Cornette entretenus dans la compagnie Générale du Colonel-général des Dragons, & le Cornette aussi entretenu dans la compagnie Mestre-de-camp du régiment Meſtre-de-camp-général deſdits Dragons, ſeront payés à raiſon par jour de trente-trois ſols quatre deniers au Sous-lieutenant, & de trente ſols à chaque Cornette.

de-camp-général des Dragons.

L'Etat-major de chaque régiment ſera payé à raiſon par jour de dix livres au Meſtre-de-camp, huit livres ſix ſols huit deniers au Lieutenant-colonel, tant pour leurs appointemens en leurdite qualité, que pour leur tenir lieu de ceux de Capitaine, ne devant point avoir de compagnie; quatre livres dix ſols au Major, deux livres dix ſols à l'Aide-major, pareilles deux livres dix ſols à l'Aide-major en ſecond qui en fera les fonctions, & qui étoit ci-devant Aide-major des compagnies à pied, & trente ſols à l'Aumônier, qui ne lui ſeront payés qu'à compter du premier du mois de mars 1757.

Etat-major.

Le Colonel & le Meſtre-de-camp-général des Dragons, qui conſervent chacun leur compagnie, continueront de recevoir, indépendamment de leurs appointemens de Capitaine, les dix livres par jour qui leur ſont attribuées en qualité de Meſtre-de-camp,

Les appointemens ci-deſſus des Aides-majors en ſecond, qui étoient Aides-majors des compagnies à pied, ſeront ſupprimés, ainſi que leur place d'Aide-major en ſecond, lorſqu'ils ſeront pourvûs d'un autre emploi.

Aides-majors en ſecond de Dragons.

Le Capitaine qui commandoit les quatre compagnies à pied de chaque régiment de Dragons, & qui a paſſé à une des compagnies à pied, après leur décompoſition, pour en former une de celles remontées & augmentées par ladite ordonnance du 18 août 1755, continuera de recevoir, indépendamment de ſes appointemens de Capitaine, deux livres trois ſols quatre deniers par jour, à titre de ſupplément d'appointemens, juſqu'à ce qu'il paſſe à un autre grade dont le traitement ne ſera point inférieur, & celui qui lui ſuccèdera à ſa compagnie ne recevra que les appointemens ordinaires de Capitaine.

Anciens Commandans des compagnies à pied de Dragons.

Il ſera donné, outre la ſolde ci-deſſus, qui ſera payée ſans aucun retranchement, dix deniers par jour pour

Maſſe de la Cavalerie & des Dragons.

chaque Brigadier, Fourrier, Cavalier, Carabinier, Hussard, Volontaire, Dragon, Trompette, Timbalier & Tambour, dont le fonds restera entre les mains du Trésorier, pour composer une Masse toûjours complète, destinée à l'habillement desdites troupes; de laquelle le Trésorier donnera ses reconnoissances à la fin de l'année, au Major ou autre Officier chargé du détail desdits régimens & brigades, l'une à titre de Grosse Masse, sur le pied de six deniers par Brigadier, Fourrier, Cavalier, Carabinier, Hussard, Volontaire, Dragon, Trompette, Timbalier & Tambour; & l'autre à titre de Petite Masse, pour les quatre deniers restans: laquelle Masse sera payée sur la main-levée du Directeur ou Inspecteur général dans le département duquel lesdits régimens, brigades ou compagnies se trouveront, visée des Colonels généraux de la Cavalerie & des Dragons.

Masse du régiment des Volontaires-Liégeois.

L'intention de Sa Majesté est que le régiment de Cavalerie des Volontaires-Liégeois, ci-devant sous le nom du régiment de Raugrave, continue à recevoir la Masse jusqu'au dernier décembre 1756, suivant son ancienne composition de quatre compagnies de vingt-cinq hommes chacune, à raison de dix deniers par jour pour chaque Brigadier, Hussard, Trompette ou Timbalier; & que la Masse dudit régiment, suivant sa nouvelle composition de quatre compagnies de soixante-quinze hommes, au moyen des cinquante Maîtres ordonnés le 20 novembre 1756, être mis d'augmentation en chacune desdites quatre compagnies, commence à courir du premier janvier 1757, sur le pied du complet par compagnie, & de dix deniers par jour pour chaque Fourrier, Brigadier, Volontaire, Trompette ou Timbalier.

Ancienne composition.

Nouvelle composition.

Masse des Volontaires de Cavalerie allemande de Nassau-Saarbruck.

Veut aussi Sa Majesté que la Masse des trois cens Fourriers, Brigadiers, Volontaires, Trompettes & Timbalier, qui composent le régiment des Volontaires de Cavalerie Allemande de Nassau-Saarbruck, créé par ordonnance du 18 novembre 1756, commence à courir sur le pied du complet de chaque compagnie, à compter du premier

de

de janvier 1757, à raiſon de dix deniers par jour pour chaque Fourrier, Brigadier, Volontaire, Trompette ou Timbalier.

Maſſe des Huſſards des trois régimens incorporés.

Entend Sa Majeſté que la Maſſe des Brigadiers, Huſſards & Trompettes des régimens de Lynden, Beauſobre & Ferrary, incorporés en conſéquence de l'ordonnance du 30 octobre 1756, dans ceux de Berchiny, Turpin & Polleresky, continue à leur être payée juſqu'au dernier décembre 1756, dans les régimens où ils ont été incorporés, & que leſdits régimens de Berchiny, Turpin & Polleresky, continuent pareillement à recevoir la Maſſe ſuivant leur ancienne compoſition de vingt-cinq Maîtres par compagnie, juſqu'audit jour dernier décembre 1756; à l'égard de la Maſſe de ces trois régimens, ſuivant leur nouvelle compoſition de ſoixante-quinze Maîtres par compagnie, réglée par ladite ordonnance du 30 octobre 1756, elle commencera à courir du premier janvier 1757 ſur le pied du complet de chaque compagnie, & de dix deniers par jour pour chaque Fourrier, Brigadier, Volontaire, Trompette ou Timbalier.

Maſſe des régimens de Berchiny, Turpin & Polleresky.

Ancienne compoſition.

Nouvelle compoſition.

Défenſes de faire aucune avance aux troupes.

Veut & ordonne Sa Majeſté qu'il ne ſoit fait aucune avance aux troupes, ſous quelque raiſon & pour quelque prétexte que ce puiſſe être; défendant Sa Majeſté aux Intendans des provinces de ſon royaume, & aux Commiſſaires des guerres, de donner aucun ordre à cet effet, & aux Commis de l'Extraordinaire des guerres, de ne rien payer aux troupes au-delà de ce qui leur eſt réglé par la préſente ordonnance, à peine d'en répondre en leur propre & privé nom; Sa Majeſté dérogeant pour raiſon deſdites avances, à ce qui eſt porté par ſes ordonnances des premier & 3 juillet 1749, premier & 3 décembre 1750 & premier janvier 1752: permettant ſeulement Sa Majeſté auxdits Intendans & Commiſſaires des guerres, d'expédier des ordres pour faire donner des guêtres & des ſouliers à des recrues, dans un cas de néceſſité indiſpenſable dont ils ſe rendront certains, & il ne pourra être donné d'argent à cet effet, qu'à l'Officier,

Sergent ou Soldat, chargé de la conduite de la recrue, qui sera muni d'un billet de l'Officier chargé du détail du régiment, justifiant le corps où il sert, & la signature de ce billet sera certifiée par le Trésorier du lieu où sera la troupe.

Revûe des Commissaires des guerres tous les deux mois.

Les Commissaires des guerres continueront de faire leurs revûes tous les deux mois aux troupes, & d'en envoyer, dans le courant du mois qui suivra celui où ils les auront faites, des extraits au Secrétaire d'Etat ayant le département de la guerre; & ils en remettront en même-temps de pareilles expéditions à l'Intendant de la Province, au Trésorier de la Place, ainsi qu'aux Munitionnaires des vivres & autres fournisseurs.

Décompte des payes de gratification pendant le temps de la marche des troupes par étape.

Sa Majesté ayant été informée qu'il y auroit eu quelque difficulté pour le décompte des payes de gratification pendant le temps que les troupes marchent par étape, & voulant y pourvoir, Elle ordonne que ce décompte soit fait par les Commis de l'Extraordinaire des guerres, pour le temps que la troupe aura été en route, sur la revûe de l'arrivée de cette troupe au lieu de sa destination, & sur le pied réglé par les précédentes ordonnances.

PREST des Cavaliers, Carabiniers, Hussards & Dragons.

Sa Majesté jugeant nécessaire qu'il reste à la fin de chacun des douze mois de l'année, quelque argent aux Cavaliers, Carabiniers, Hussards & Dragons, pour s'entretenir de linge, culotte, bas & souliers: Et voulant que les choses demeurent réglées entre les Capitaines & lesdits Cavaliers, Carabiniers, Hussards & Dragons, de manière qu'il n'y ait aucune difficulté sur le décompte à faire entr'eux; Sa Majesté ordonne que chaque Cavalier & Hussard touche six sols par jour pour sa subsistance, chaque Carabinier sept sols, chaque Cavalier du régiment Irlandois de Filtzjames huit sols, & chaque Dragon cinq sols six deniers, sur lesquels il sera tenu d'entretenir le ferrage de son cheval; que le sol de surplus restera entre les mains du Major, de l'Aide-major, ou Officier chargé du détail de chaque corps, qui leur délivrera tous les trois mois les quatre livres dix sols à quoi cela montera, après avoir examiné s'ils ſont fournis de linge, culotte, bas & ſouliers; & s'ils en manquoient, il leur en fera faire l'emplette ſur ce fonds, & leur remettra exactement le reſtant s'il s'en trouve.

Entend Sa Majeſté ne point comprendre dans cette diſpoſition le régiment de Cavalerie des Volontaires de Schomberg, dont les Brigadiers, Sous-brigadiers & Volontaires doivent recevoir leur ſolde ſans aucune déduction.

XIII.

OFFICIERS RÉFORMÉS DANS LES PROVINCES.

Colonels & Lieutenans-colonels d'Infanterie françoiſe.

LES Colonels & Lieutenans-colonels réformés d'Infanterie françoiſe, qui par l'ancienneté de leurs ſervices doivent avoir des appointemens, continueront d'en être payés dans les provinces, ſur les états & ordres qui ſeront expédiés à cet effet, ſur le pied de neuf cens livres par an à chaque Colonel, & de ſept cens livres à chaque Lieutenant-colonel.

Meſtre-de-camps & Lieutenans-colonels de Cavalerie françoiſe.

Les Meſtre-de-camps & Lieutenans-colonels réformés de Cavalerie, retirés dans les provinces, auxquels Sa Majeſté a accordé des appointemens, continueront d'en être payés ſur les états & ordres qui ſeront expédiés à cet effet.

Meſtre-de-camps & Lieutenans-colonels de Dragons.

Les Meſtre-de-camps & Lieutenans-colonels réformés de Dragons, qui doivent avoir auſſi des appointemens par l'ancienneté de leurs ſervices, ſeront payés dans leur province, ſuivant les états & ordres qui ſeront envoyés, ſur le pied de deux mille livres par an à chaque Meſtre-de-camp qui a eu un régiment, mille livres à chacun des autres, & ſix cens livres à chaque Lieutenant-colonel.

Officiers réformés, Partiſans, d'Infanterie, Cavalerie & Dragons, entre-

Les Officiers réformés, tant d'Infanterie que de Cavalerie & de Dragons, entretenus dans les places en qualité de Partiſans, ſeront payés en paſſant préſens aux revûes, des appointemens qui leur ont été réglés, ſuivant les états *tenus dans les Places.* & ordres signés du Secrétaire d'état ayant le département de la guerre.

Capitaines & Lieutenans réformés d'Infanterie, de Cavalerie & de Dragons, renvoyés dans leur province. Les Capitaines & Lieutenans réformés d'Infanterie, de Cavalerie & de Dragons, ci-devant attachés à la suite des régimens, ou entretenus à la résidence des Places, qui ont été renvoyés dans leur province, continueront d'y être payés de leurs appointemens, sur les états qui seront envoyés tous les six mois aux Intendans desdites provinces, ainsi qu'il s'est pratiqué par le passé.

XIV.

FOURRAGE.

Le cas de guerre arrivant, que Sa Majesté feroit servir en campagne dans ses armées, les régimens & corps de troupes, tant d'Infanterie Françoise, Italienne, Irlandoise & Ecossoise, que de la Gendarmerie, Cavalerie françoise & étrangère, Carabiniers, Hussards, Dragons, & de troupes légères qui sont à son service, Sa Majesté rendra alors une ordonnance qui fixera l'époque où les Officiers commenceront à avoir du fourrage d'hiver, jusqu'au temps que lesdites troupes se mettront en campagne, sur le pied ci-après expliqué.

Composition de la ration de fourrage d'Infanterie. Ordonne Sa Majesté que la ration de fourrage d'Infanterie Françoise, Italienne, Irlandoise & Ecossoise, & troupes légères à pied, sera composée de douze livres de foin & de huit livres de paille, ou de seize livres de foin sans paille où il n'y en aura point, & d'un demi-boisseau d'avoine, mesure de Paris; & qu'il en soit délivré, savoir;

INFANTERIE FRANÇOISE.

Fourrages.

Compagnies.

Etat-major.

Pour les Officiers d'Infanterie françoise, quatre rations par jour à chaque Capitaine en pied; pareil nombre de quatre rations à chaque Capitaine en second ci-devant en pied, provenant de la réforme de 1748, & qui tient lieu de Lieutenant aux compagnies, & deux rations à chaque Lieutenant, Sous-lieutenant & Enseigne; & pour l'Etat-major, dix rations par jour à chaque Colonel de régiment,

régiment, sans compagnie; sept rations au Lieutenant-colonel, aussi sans compagnie; six rations au Commandant de chacun des second, troisième & quatrième bataillons, qui n'ont point aussi de compagnie; cinq rations au Major, trois rations à l'Aide-major, une ration à l'Aumônier, & une ration au Prevôt des régimens qui ont Prevôté.

Colonel-lieutenant du régiment du Roi, & Colonels en second.

Au Colonel-lieutenant du régiment d'Infanterie de Sa Majesté, qui conserve sa compagnie, six rations par jour, outre celles qui lui sont attribuées en qualité de Capitaine; huit rations au sieur Chevalier de Beauveau, Colonel en second du régiment des Gardes de Lorraine; & pareilles huit rations au Vicomte de Vence, Colonel en second du régiment de Royal-Corse.

Officiers réformés d'Infanterie françoise.

A l'égard des Officiers réformés à la suite des régimens d'Infanterie françoise, ils auront du fourrage, sur le pied par jour, de six rations à chaque Colonel, quatre rations à chaque Lieutenant-colonel, deux rations à chaque Capitaine, & une ration à chaque Lieutenant.

CORPS des GRENADIERS de FRANCE. Fourrage. Etat-major.

Pour le corps des Grenadiers de France, quatre rations de fourrage par jour à chaque Capitaine, & deux rations à chaque Lieutenant en premier, Lieutenant en second, & Enseigne; & pour les Officiers de l'Etat-major, douze rations à l'Inspecteur-commandant en chef du corps, dix rations au sieur de Lanjamet, Commandant en second dudit corps, huit rations aussi par jour à chaque Colonel, & sept rations à chaque Lieutenant-colonel, pendant le temps seulement que lesdits Colonels & Lieutenans-colonels seront de service audit corps; cinq rations à chaque Sergent-major, & trois rations à chaque Aide-major.

CORPS ROYAL de l'ARTILLERIE & du GÉNIE. Fourrage. Compagnies de Sappeurs, Canonniers & Bombardiers. Etat-major.

Pour le corps royal de l'Artillerie & du Génie, les Officiers de chacune des compagnies de Sappeurs, Canonniers & Bombardiers, recevront du fourrage sur le pied par jour, savoir; de quatre rations à chacun des Capitaine en premier & Capitaine en second, & deux rations à chacun des premier Lieutenant, Lieutenant en second, & Sous-lieutenant. A l'égard des Officiers de l'Etat-major de chaque bataillon, le fourrage leur sera délivré à raison par jour, de dix rations au Colonel-commandant qui n'aura point de compagnie, sept rations au Lieutenant-colonel, aussi sans compagnie; cinq rations au Major, trois rations à l'Aide-major, deux rations au Sous-aide-major, & une ration à l'Aumônier.

Compagnies de Mineurs.

Chaque compagnie de Mineurs aura du fourrage pour les Officiers, sur le pied par jour, de quatre rations au Capitaine, & pareil nombre de quatre rations au Capitaine en second; & deux rations à chacun des premier Lieutenant, Lieutenant en second & Sous-lieutenant.

Compagnies d'Ouvriers.

Et chaque compagnie d'Ouvriers du même corps de Royal-Artillerie & du Génie, à raison par jour, de quatre rations au Capitaine, & deux rations à chacun des premier & second Lieutenans & au Sous-lieutenant.

MILICE.

Fourrage.

Ceux des Officiers des régimens de Grenadiers-royaux & des cent sept bataillons de Milices des provinces du Royaume, que Sa Majesté voudra, dans le cas de guerre, faire camper & servir en campagne dans ses armées, auxquels Elle jugera à propos d'accorder du fourrage d'hiver, dont Sa Majesté fixera l'époque que lesdits Officiers commenceront à en avoir, comme il est dit à l'article de l'Infanterie françoise, le recevront sur le pied par jour, savoir;

RÉGIMENS de GRENADIERS ROYAUX.

Compagnies de Grenadiers & de Grenadiers-postiches.

Pour les Officiers des régimens de Grenadiers-royaux, à raison de quatre rations à chacun des Capitaines de Grenadiers & de Grenadiers-postiches; deux rations à chacun des premier & second Lieutenans de Grenadiers; pareille quantité de deux rations à chaque Lieutenant de Grenadiers-postiches, & à chacun des deux seconds Lieutenans qui ont été établis par l'ordonnance du 5 décembre 1756, aux Grenadiers-postiches des deux premières compagnies de chacun desdits régimens de Grenadiers-royaux, pour porter les drapeaux.

Compagnies de Fusiliers des bataillons de Milice.

Pour les Officiers des compagnies de Fusiliers de chaque bataillon de Milice, à raison par jour, de trois rations de fourrage à chaque Capitaine, & deux rations à chaque Lieutenant.

Etat-major des régimens de Grenadiers-royaux.

A l'égard des Officiers de l'Etat-major de chacun des régimens de Grenadiers-royaux, ils recevront du fourrage, à raison par jour, de dix rations à chaque Colonel qui ne doit point avoir de compagnie, ſept rations au Lieutenant-colonel, auſſi ſans compagnie; cinq rations au Major, & trois rations à l'Aide-major de chaque bataillon.

Etat-major des deux régimens de Milices de Lorraine.

Les Officiers de l'Etat-major de chacun des régimens de Polignac & de Montureux, des Milices de Lorraine & de Bar, recevront du fourrage ſur le pied par jour, de dix rations au Colonel qui ne doit point avoir de compagnie, cinq rations au Major attaché au premier bataillon, ſix rations au Commandant du ſecond bataillon, & trois rations à l'Aide-major dudit ſecond bataillon.

Etat-major des cent trois autres bataillons de Milice.

Et à l'Etat-major des cent trois autres bataillons de Milice, y compris les deux bataillons de Mirecour, Milice de Lorraine & de Bar, ſur le pied par jour, ſavoir; de ſept rations au Commandant de bataillon qui aura le titre de Lieutenant-colonel, & ſeulement ſix rations au Commandant qui ne ſera point Lieutenant-colonel, & trois rations à l'Aide-major de chaque bataillon.

INFANTERIE ITALIENNE, IRLANDOISE & ECOSSOISE.

Fourrage.

Compagnies.

LES Officiers des compagnies & Etats-majors des régimens d'Infanterie Italienne, Irlandoiſe & Ecoſſoiſe, auront du fourrage, ſur le pied par jour, ſavoir, de quatre rations à chaque Capitaine en pied & à chacun des Capitaines en ſecond attachés aux compagnies comme ſecond Officier; quatre rations au Capitaine de Grenadiers réformé, ci-devant en pied & attaché au régiment Royal-Italien; pareille quantité de quatre rations à chaque Capitaine en ſecond, ci-devant en pied dans le régiment d'Infanterie écoſſoiſe d'Albanie, & entretenus dans ceux de Royal-Ecoſſois & d'Ogilvy, auſſi d'Infanterie écoſſoiſe; & deux rations à chaque Lieutenant en premier, Lieutenant en ſecond, Sous-lieutenant & Enſeigne.

Etat-major.

Pour le fourrage des Officiers de l'Etat-major de chacun deſdits régimens d'Infanterie Italienne, Irlandoiſe & Ecoſſoiſe, il leur ſera délivré ſur le pied par jour, de dix rations à chaque Colonel, ſept rations à chaque Lieutenant-colonel, leſquels Colonels & Lieutenans-colonels ne doivent point avoir de compagnie; cinq rations à chaque Major, trois rations à chaque Aide-major, une ration à chacun des Aumôniers, & une ration au Prevôt du régiment Royal-Italien, & à celui qui est en chacun des régimens de Roth & Berwick d'Infanterie irlandoise.

Officiers réformés à la suite de l'Infanterie Italienne, Irlandoise & E'cossoise.

A l'égard des Officiers réformés à la suite desdits régimens d'Infanterie Italienne, Irlandoise & E'cossoise, ils auront du fourrage, à raison par jour, de six rations à chaque Colonel, quatre rations à chaque Lieutenant-colonel, deux rations à chaque Capitaine, & une ration à chaque Lieutenant.

Composition de la ration de fourrage de la Cavalerie & des Dragons.

La ration de fourrage des troupes de la Gendarmerie, Cavalerie françoise & étrangère, Carabiniers, Hussards, Dragons & Troupes légères à cheval, sera composée de quinze livres de foin & de cinq livres de paille, ou de dix-huit livres de foin sans paille où il n'y en aura point, & des deux tiers du boisseau d'avoine mesure de Paris, dont les vingt-quatre boisseaux font le setier de ladite mesure.

Fourrage de la Gendarmerie, Cavalerie & Dragons, pour la nourriture des chevaux de compagnies.

L'intention de Sa Majesté est qu'il soit fourni une ration de fourrage par jour à chaque cheval de Gendarme & de Chevau-léger de la Gendarmerie; & de chaque Brigadier, Sous-brigadier, Fourrier, Carabinier, Cavalier, Hussard, Dragon, Volontaire, Chasseur, Timbalier, Trompette & Tambour des compagnies à cheval, les Officiers ne devant point en avoir en temps de paix, en se conformant à ce qui est prescrit par l'article IV de l'ordonnance du 3 juillet 1749, tant pour les troupes qui doivent être fournies en nature des magasins établis à cet effet, que pour celles qui se trouveront dans le cas d'avoir la disposition de leurs fourrages; laquelle fourniture de fourrage auxdites troupes ne doit avoir lieu que pour le nombre de chevaux présens & effectifs aux revûes des Commissaires des guerres.

Et le cas de guerre arrivant, ainsi qu'il est dit ci-dessus, les Officiers desdites troupes de Gendarmerie, Cavalerie françoise & étrangère, Carabiniers, Hussards, Dragons, & de Troupes légères à cheval, que Sa Majesté feroit servir en campagne dans ses armées, recevront le fourrage d'hiver, à commencer du jour qu'Elle leur fixera, sur le pied ci-après, par jour, savoir;

Les

Les grands Officiers des dix compagnies de Gendarmes de la Gendarmerie ne devant point avoir de fourrage, il en sera seulement fourni deux rations à chaque Maréchal-des-logis desdites compagnies.

GENDARMERIE. Fourrage. Compagnies de Gendarmes.

Les Officiers des six compagnies de Chevaux-légers de ladite Gendarmerie, recevront le fourrage, à raison par jour, de dix rations à chaque Capitaine-lieutenant, quatre rations à chaque Sous-lieutenant, trois rations à chaque Cornette & deux rations à chaque Maréchal-des-logis.

Compagnies de Chevaux-légers.

Et pour les Officiers de l'Etat-major de ladite Gendarmerie, douze rations par jour au Major, huit rations à l'Aide-major, six rations à chacun des deux Sous-aides-majors, deux rations à chacun des deux Aumôniers, & une ration au Chirurgien.

Etat-major de la Gendarmerie.

Pour les régimens de Cavalerie françoise & celui Irlandois de Filtzjames, six rations de fourrage par jour à chaque Capitaine, quatre rations à chaque Lieutenant, pareille quantité de quatre rations au Sous-lieutenant qui est en la compagnie Colonelle du régiment du Colonel-général de la Cavalerie, trois rations à chaque Cornette, & deux rations à chaque Maréchal-des-logis.

CAVALERIE FRANÇOISE & IRLANDOISE. Fourrage. Compagnies.

Et pour les Officiers de l'Etat-major desdits régimens de Cavalerie françoise & irlandoise, six rations aux Mestre-de-camps de chacun des régimens du Colonel-général, Mestre-de-camp-général & Commissaire-général de la Cavalerie, qui conservent leur compagnie; & ce en leurdite qualité de Mestre-de-camps, & indépendamment des rations qu'ils reçoivent comme Capitaines; douze rations à chacun des autres Mestre-de-camps, y compris celui du régiment de Filtzjames, tant pour leur fourrage en leurdite qualité, que pour leur tenir lieu de celui attribué aux Capitaines, ne devant point avoir de compagnie; dix rations à chaque Lieutenant-colonel desdits régimens, tous aussi sans avoir de compagnie; huit rations à chaque Major, quatre rations à chaque Aide-major, & une ration à l'Aumônier & au Chirurgien de chaque régiment. A l'égard des Capitaines qui ont eu troupe, & qui se

Etat-major de Cavalerie Françoise & Irlandoise.

Officiers réformés de Cavalerie Françoise & Irlandoise, ci-devant en pied.

sont trouvés dans le cas de la réforme de 1748 & 1749, & sont actuellement entretenus à la suite desdits régimens de Cavalerie françoise & de celui de Filtzjames, ils auront du fourrage à raison, savoir, de quatre rations par jour à chacun desdits Capitaines réformés de Cavalerie françoise, & cinq rations aussi par jour à chacun des Capitaines entretenus à la suite dudit régiment de Filtz-james, en passant présens aux revûes.

ROYAL des CARABINIERS. Fourrage. Compagnies. E'tat-major.

Les Officiers du régiment Royal-des-Carabiniers, recevront le fourrage à raison par jour, de six rations à chaque Capitaine, quatre rations à chaque Lieutenant, trois rations à chaque Cornette, & deux rations à chaque Maréchal-des-logis; & pour l'Etat-major de chacune des cinq brigades, six rations au chef de brigade, quatre rations au Lieutenant-colonel, outre ce que ces deux Officiers reçoivent en leur qualité de Capitaine d'une compagnie; huit rations au Major, quatre rations à l'Aide-major, & une ration à chacun des Aumônier & Chirurgien aussi de chaque brigade.

ROYAL-ALLEMAND, WIRTEMBERG & NASSAU-SAARBRUCK. Fourrage. Compagnies. E'tat-major.

Pour les régimens Royal-Allemand, Wirtemberg & de Nassau-Saarbruck de Cavalerie Allemande, six rations par jour à chaque Capitaine, quatre rations à chaque Lieutenant, trois rations à chaque Cornette, & deux rations à chaque Maréchal-des-logis; & à l'Etat-major de chacun desdits régimens, six rations au Mestre-de-camp, & quatre rations au Lieutenant-colonel, indépendamment des rations qu'ils reçoivent chacun comme Capitaine d'une compagnie; huit rations au Major, quatre rations à l'Aide-major, & une ration à chacun des Aumônier & Chirurgien; en observant que les deux Lieutenans-colonels, deux Majors & deux Aides-majors qu'il y a dans le régiment de Royal-Allemand, doivent avoir la même quantité de rations de fourrage ci-dessus réglée, pour chacun des Officiers de ces trois grades; dans le régiment Royal-Allemand, deux rations par jour au Maréchal-des-logis dudit régiment, trois rations au Prevôt, deux rations à son Lieutenant, pareille quantité de

Deux Lieutenans-colonels, deux Majors & deux Aides-majors dans le régiment Royal-allemand.

deux rations au Greffier, & une ration à chacun des quatre Archers & à l'Exécuteur de justice; & dans le régiment de Wirtemberg, une ration à chacun des Auditeur, Greffier, trois Archers & un Exécuteur de justice.

HUSSARDS. Fourrage. Compagnies.

Pour les Officiers des régimens de Hussards, six rations par jour à chaque Capitaine, quatre rations au premier Lieutenant, trois rations au second Lieutenant, pareille quantité de trois rations à chaque Cornette, & deux rations à chaque Maréchal-des-logis; & pour l'Etat-major, douze rations à chaque Mestre-de-camp qui ne doit point avoir de compagnie, dix rations au Lieutenant-colonel, aussi sans compagnie; huit rations au Lieutenant-colonel en second, provenant de l'incorporation des trois régimens qui ont été supprimés par ordonnance du 30 octobre 1756, à raison d'un desdits Lieutenans-colonels en second, entretenu dans chacun des trois régimens de Berchiny, Turpin & Polleresky qui sont sur pied; huit rations au Major, quatre rations à l'Aide-major, & une ration à chacun des Aumônier & Chirurgien de chacun desdits trois régimens.

Etat-major.

Lieutenans-colonels en second provenant de l'incorporation.

Capitaines réformés provenant de l'incorporation des régimens supprimés.

Et à l'égard des quatre Capitaines ci-devant en pied, & des trois Majors, provenant de l'incorporation, & entretenus tous les sept en qualité de Capitaines réformés à la suite des trois régimens qui existent, ils recevront chacun quatre rations de fourrage par jour.

VOLONTAIRES LIÉGEOIS, & VOLONTAIRES de NASSAU-SAARBRUCK. Fourrage. Compagnies.

Pour les régimens de Cavalerie des Volontaires-Liégeois, & Volontaires de Nassau-Saarbruck, six rations à chaque Capitaine, quatre rations à chaque Lieutenant en premier, trois rations à chaque Lieutenant en second, pareille quantité de trois rations à chaque Cornette, & deux rations à chaque Maréchal-des-logis; & pour les Officiers de l'Etat-major desdits régimens, douze rations au Mestre-de-camp de celui des Volontaires-Liégeois, qui ne doit point avoir de compagnie; six rations au Mestre-de-camp du régiment des Volontaires de Nassau-Saarbruck, indépendamment des six rations qu'il reçoit comme Capitaine; dix rations à chacun des Lieutenant-colonels qui n'ont point de compagnie, huit rations à chaque

Etat-major.

Major, quatre rations à chaque Aide-major, une ration à chacun des Aumônier & Chirurgien de chaque régiment, & deux rations au Prevôt qui est dans celui des Volontaires de Nassau-Saarbruck.

Volontaires de Schomberg. Fourrage. Compagnies.

Les Officiers du régiment des Volontaires de Schomberg recevront le fourrage sur le pied par jour, de six rations à chaque Capitaine chef de brigade, quatre rations à chacun des Capitaines en second & Lieutenant en premier, trois rations à chaque Lieutenant en second, & deux rations à chaque Maréchal-des-logis; & pour l'Etat-major dudit régiment, douze rations au Mestre-de-camp, & dix rations au Lieutenant-colonel, qui ne doivent point avoir de compagnie; huit rations au Major, quatre rations à l'Aide-major, & une ration à chacun des dix-sept petits Officiers, qui doivent tous être montés, savoir, un Auditeur, un Aumônier, un Maréchal-des-logis, un Chirurgien-major, un Prevôt, un Timbalier, quatre Hautbois, un Maître Charpentier & six Charpentiers.

Etat-major.

Dragons. Fourrage. Compagnies.

Les Officiers des compagnies & Etats-majors des régimens de Dragons, recevront le fourrage, à raison par jour, de six rations à chaque Capitaine, quatre rations à chaque Lieutenant, pareilles quatre rations au Sous-lieutenant qui est en la compagnie Générale du régiment du Colonel-général, trois rations à chaque Cornette, & deux rations à chaque Maréchal-des-logis; & pour l'Etat-major, six rations au Colonel-général & au Mestre-de-camp-général des Dragons, qui conservent chacun leur compagnie; & ce indépendamment des rations qui leur sont attribuées comme Capitaines; douze rations à chacun des autres Mestre de-camps qui n'ont point de compagnie, dix rations à chaque Lieutenant-colonel, aussi sans compagnie, huit rations à chaque Major, quatre rations à chaque Aide-major, trois rations au second Aide-major, qui étoit Aide-major des compagnies à pied de chaque régiment, & une ration aussi par jour à chaque Aumônier.

Etat-major.

Officiers réformés de Cavalerie

Les Officiers réformés qui auront ordre de servir à la suite des régimens de Cavalerie françoise, étrangère, & de de Dragons, à l'exception de ceux du régiment de Filtz-james dont il sera parlé ci-après, recevront le fourrage sur le pied par jour, de six rations à chaque Mestre-de-camp, pareille quantité de six rations à chaque Lieutenant-colonel, quatre rations à chaque Capitaine, & deux rations à chaque Lieutenant.

& de Dragons. Fourrage.

Les Officiers réformés qui auront aussi ordre de servir à la suite du régiment de Cavalerie de Filtzjames, auront le fourrage à raison par jour de neuf rations à chaque Mestre-de-camp, huit rations à chaque Lieutenant-colonel, cinq rations à chaque Capitaine, & trois rations à chaque Lieutenant.

Officiers réformés du régiment de Filtzjames. Fourrage.

Les Officiers des compagnies & de l'Etat-major du corps des Volontaires-royaux, recevront le fourrage sur le pied par jour, savoir, au Capitaine de la compagnie d'Ouvriers, trois rations d'Infanterie, & deux rations au Lieutenant; pour les compagnies de Grenadiers, quatre rations d'Infanterie à chaque Capitaine, & deux rations à chacun des Lieutenant & Lieutenant en second; & pour les compagnies de soixante-dix hommes, dont quarante d'Infanterie & trente de Dragons montés, six rations de Dragons au Capitaine titulaire de chacune desdites compagnies, trois rations d'Infanterie à chaque Capitaine en second des hommes à pied, & deux rations à chaque Lieutenant; quatre rations à chaque Capitaine en second de Dragons, trois rations à chaque Lieutenant, & deux rations à chaque Maréchal-des-logis; & pour l'Etat-major, douze rations de Cavalerie par jour au Colonel, qui ne doit point avoir de compagnie, huit rations, aussi de Cavalerie au Major, trois rations d'Infanterie à l'Aide-major des troupes à pied, quatre rations de Cavalerie à l'Aide-major de Dragons, & une ration d'Infanterie à chacun des Aumônier, Chirurgien & Prevôt.

TROUPES LÉGÈRES. CORPS des VOLONTAIRES-ROYAUX. Fourrage. Compagnies d'Ouvriers. Compagnies de Grenadiers. Compagnies de soixante-dix hommes. Capitaine titulaire. Infanterie. Dragons.

Pour le corps des Volontaires de Flandre, les Officiers de chacune des compagnies de soixante hommes, dont quarante d'Infanterie, & vingt de Cavalerie, recevront le fourrage sur le pied par jour, de six rations de Cavalerie

VOLONTAIRES de FLANDRE. Fourrage.

Capitaine titulaire des compagnies de soixante hommes. au Capitaine titulaire, trois rations d'Infanterie à chaque Capitaine en second des troupes à pied, & deux rations à chaque Lieutenant; *Troupes d'Infanterie.* *Troupes à cheval.* quatre rations de Cavalerie à chaque Capitaine en second des troupes à cheval, trois rations à chaque Lieutenant, & deux rations à chaque Maréchal-des-logis; *Etat-major.* & pour l'Etat-major, douze rations de Cavalerie au Commandant en chef, & d'une des trois brigades qui composent le corps; dix rations, aussi de Cavalerie, au Commandant en chef de chacune des deux autres brigades, lesquels Commandant en chef du corps & Commandans particuliers de brigades, ne doivent point avoir de compagnie; quatre rations de Cavalerie à l'Aide-major de chacune des trois brigades, & une ration d'Infanterie à chacun des Aumônier & Chirurgien dudit corps.

VOLONTAIRES du DAUPHINÉ. *Fourrage.* *Compagnies à pied.* Les Officiers du corps des Volontaires du Dauphiné auront le fourrage sur le pied par jour, de cinq rations d'Infanterie aux sieurs Colonne, Beringuier de Sabattier & Lancize, Capitaines chacun d'une compagnie d'Infanterie, ayant tous trois rang de Lieutenant-colonel; trois rations seulement à chaque Capitaine des autres compagnies d'Infanterie, deux rations à chaque Lieutenant d'Infanterie; *Compagnie de Dragons.* quatre rations de Cavalerie au Capitaine de la compagnie de Dragons, trois rations au Lieutenant, & deux rations au Maréchal-des-logis; *Etat-major.* & pour l'Etat-major, dix rations par jour au Commandant en chef du corps, qui ne doit point avoir de compagnie; lesquelles dix rations de fourrage seront de Cavalerie, & quatre rations aussi de Cavalerie à l'Aide-major.

RÉGIMENT de BÉYERLÉ. *Fourrage.* *Compagnies à pied.* Les Officiers du régiment étranger de Béyerlé recevront le fourrage à raison par jour, de trois rations d'Infanterie à chaque Capitaine des compagnies à pied, & deux rations à chaque Lieutenant; *Compagnies de Dragons.* quatre rations de Cavalerie à chaque Capitaine, & deux rations au Lieutenant des compagnies de Dragons à cheval; *Etat-major.* & pour l'Etat-major, dix rations de Cavalerie par jour au Colonel qui ne doit point avoir de compagnie, & quatre rations aussi de Cavalerie à l'Aide-major.

Le corps des Cantabres-Volontaires, composé de quatre compagnies d'Infanterie, recevra le fourrage pour les Officiers à raison par jour, de trois rations d'Infanterie à chaque Capitaine, & deux rations à chaque Lieutenant; & pour l'Etat-major, six rations aussi d'Infanterie au Commandant qui ne doit point avoir de compagnie, & trois rations à l'Aide-major.

CANTABRES-VOLONTAIRES. Fourrage.

Les Officiers du corps de Chasseurs de Fischer, recevront le fourrage sur le pied par jour, de trois rations d'Infanterie au Capitaine en second de chacune des compagnies à pied, & deux rations au Lieutenant; pour les compagnies à cheval, quatre rations à chaque premier Capitaine en second, trois rations à chaque second Capitaine en second, deux rations à chacun des premier & second Lieutenans, & une ration à chaque Maréchal-des-logis; lesquelles rations de fourrage desdites compagnies à cheval, doivent être de Cavalerie; & pour l'Etat-major, six rations aussi de Cavalerie au Commandant du corps, tant en sadite qualité de Commandant, que comme Capitaine en premier des compagnies à pied & à cheval; trois rations d'Infanterie à l'Aide-major des compagnies à pied, & quatre rations de Cavalerie à l'Aide-major des compagnies à cheval.

CHASSEURS de FISCHER. Fourrage.

Compagnies à pied.

Compagnies à cheval.

Etat-major.

Sa Majesté ordonne que lesdites fournitures de fourrage soient régulièrement faites à la Gendarmerie, à la Cavalerie, aux Carabiniers, Hussards, Dragons & Troupes légères à cheval, pour la nourriture des chevaux de brigades & de compagnies; & dans le cas de guerre, comme il est dit ci-dessus, aux Officiers, tant de ces corps, que de ceux d'Infanterie, à commencer de l'époque qu'Elle fixera pour le fourrage d'hiver desdits Officiers.

A l'égard des régimens en quartier dans les provinces & généralités du royaume, auxquels Sa Majesté a laissé la disposition des fourrages, son intention est qu'après l'expiration des cent cinquante jours du quartier d'hiver, les places de fourrage leur soient payées sans aucun bénéfice.

Veut Sa Majesté qu'il ne soit délivré aucune ration de

fourrage aux Officiers de Gendarmerie, Cavalerie, Carabiniers, Huſſards, Dragons & d'Infanterie, qui ne ſe trouveront pas préſens aux revûes, à moins qu'ils ne ſoient de ſemeſtre, ou n'aient un congé par écrit de Sa Majeſté, contre-ſigné du Secrétaire d'Etat de la guerre: auxquels Officiers abſens par ſemeſtre, congé, ou ceux qui obtiendront des reliefs, il ne ſera fourni que la moitié des fourrages qu'ils auroient s'ils avoient été préſens; à l'exception des Colonels, Meſtre-de-camps, Lieutenans-colonels, en pied ou réformés, Commandans de bataillon, & Majors des régimens, qui auront leur fourrage en entier, lorſqu'ils ſe ſeront abſentés par congé, ou ſur les reliefs qui ſeront accordés à ceux qui n'auront pas eu de congé.

Défend très-expreſſément Sa Majeſté auxdits Officiers, Gendarmes, Chevaux-légers, Cavaliers, Carabiniers, Huſſards & Dragons, d'exiger des Gardes-magaſins & Entrepreneurs de la fourniture des fourrages, une plus grande quantité de rations que celle marquée ci-deſſus; & auxdits Officiers, ſoit de Gendarmerie, ſoit de Cavalerie, de Carabiniers, de Huſſards & de Dragons, de rien diminuer ſur les rations ci-deſſus ordonnées pour la ſubſiſtance du cheval du Gendarme, Chevau-léger, Cavalier, Carabinier, Huſſard & Dragon, pour le donner à leurs chevaux, ou pour le convertir en argent; à peine auxdits Officiers d'être caſſés & privés de leurs charges, & aux Gendarmes, Chevaux-légers, Cavaliers, Carabiniers, Huſſards & Dragons, de la vie.

Défend auſſi Sa Majeſté aux Gardes-magaſins & Entrepreneurs, de convertir aucune deſdites rations de fourrage en argent, à moins que leſdits Gardes-magaſins & Entrepreneurs n'en aient ordre par écrit des Intendans, à peine de la vie; & aux Officiers, Gendarmes, Chevaux-légers, Cavaliers, Carabiniers, Huſſards & Dragons, d'entrer avec eux en aucune compoſition là-deſſus, à peine aux Officiers d'être caſſés, & aux Gendarmes, Chevaux-légers, Cavaliers, Carabiniers, Huſſards & Dragons, des galères.

Fait en outre Sa Majeſté très-expreſſes défenſes auxdits Officiers,

Officiers, Gendarmes, Chevaux-légers, Cavaliers, Carabiniers, Hussards & Dragons, de vendre aucun fourrage, & aux habitans des villes & lieux où ils seront logés, & des environs, d'en acheter d'eux, sur les mêmes peines auxdits Officiers, d'être cassés; & aux Gendarmes, Chevaux-légers, Cavaliers, Carabiniers, Hussards & Dragons, des galères; & sur peine auxdits habitans, de trois cens livres d'amende. Ordonne Sa Majesté aux Commissaires des guerres, employés à la police de ses troupes, de délivrer auxdits Gardes-magasins ou Entrepreneurs, des extraits des revûes qu'ils en feront; & auxdits Gardes-magasins & Entrepreneurs, de ne fournir le fourrage à chaque compagnie, que sur le pied qu'ils verront par lesdits extraits qu'elle aura passé à la revûe qui en aura été faite, & qu'il n'en soit fourni à aucun des Officiers qui ne seront point compris pour présens dans lesdits extraits, sur lesquels ils compteront des fournitures qu'ils auront faites; se conformant à ce qui est dit ci-dessus pour les Officiers qui seront absens par semestre, sur des congés de Sa Majesté, ou qui obtiendront des reliefs, aux équipages desquels il sera fourni du fourrage, comme il est ci-dessus ordonné.

XV.

DÉCOMPTE DES TROUPES d'Infanterie en marche; & Supplément de solde en route.

SA MAJESTÉ voulant accélérer le payement du décompte accordé ci-devant à quelques-unes de ses troupes lorsqu'elles marchent par étape, & y faire quelques changemens, son intention est, qu'à leur arrivée aux lieux de leur destination, ledit décompte leur soit fait sur le pied du traitement réglé ci-après.

Les Colonels & Commandans de bataillons d'Infanterie françoise, les Mestre-de-camps de Cavalerie, de Hussards & de Dragons, n'ayant plus de compagnie, continueront à recevoir l'étape sur le même pied, & pour le même

Colonels & Commandans de bataillons.

Mestre-de-camps de Cava-

lerie, Hussards & Dragons.

nombre de rations qu'ils avoient précédemment, tant en leursdites qualités, qu'en celle de Capitaines.

Lieutenans-colonels d'Infanterie & Cavalerie Françoise, Hussards & Dragons.

Les Lieutenans-colonels des régimens d'Infanterie & Cavalerie françoise, celui de Filtzjames, ceux de Hussards & de Dragons, qui n'ont point de compagnie, seront payés de leurs appointemens pendant le temps de la route, & ne seront point assujétis à recevoir l'étape; mais dans le cas qu'ils voudroient en prendre, ils la payeront à l'Etapier sur le pied du prix réglé par son marché, en observant de ne point excéder les quantités qui leur ont été réglées par l'ordonnance du 13 juillet 1727, tant en qualité de Lieutenans-colonels que de Capitaines.

Bataillons du Corps royal de l'Artillerie & du Génie.

Les bataillons du Corps royal de l'Artillerie & du Génie n'auront point de solde pendant le temps qu'ils seront en route & recevront l'étape; il leur sera seulement donné le supplément de solde ci-après.

	l.	s.	d.
A chaque Capitaine en pied, trois livres dix-neuf sols six deniers par jour.	3.	19.	6.
A chaque Capitaine en second, dix sols.	0.	10.	0.
A chaque Lieutenant en pied, quinze sols. . . .	0.	15.	0.
A chaque Lieutenant en second, dix sols. . . .	0.	10.	0.
A chaque Sous-lieutenant, huit sols.	0.	8.	0.
A chaque Sergent, huit sols six deniers.	0.	8.	6.
A chaque Caporal, six sols.	0.	6.	0.
A chaque Anspessade, quatre sols.	0.	4.	0.
A chacun des premiers Sappeurs, Canonniers, Bombardiers & Tambours, trois sols.	0.	3.	0.
A chacun des autres Sappeurs, seconds Canonniers & seconds Bombardiers, un sol six deniers.	0.	1.	6.
A chacun des autres Canonniers-Bombardiers, six deniers.	0.	0.	6.
A chacun des premiers Artificiers-Bombardiers, six sols six deniers.	0.	6.	6.
A chacun des seconds Artificiers-Bombardiers, quatre sols six deniers.	0.	4.	6.
A chacun des autres Artificiers-Bombardiers, trois sols six deniers.	0.	3.	6.

Au Colonel-commandant n'ayant pas de compagnie, onze livres par jour pour son supplément de solde, tant en ladite qualité, que pour lui tenir lieu de celle de Capitaine.	11.l	0.s	0.d	*Etat-major des bataillons du Corps royal de l'Artillerie & du Génie.*
Au Lieutenant-colonel n'ayant plus de compagnie, six livres, tant en ladite qualité, que pour lui tenir lieu de celle de Capitaine.	6.	0.	0.	
Au Major, cinq livres seize sols sept deniers. . .	5.	16.	7.	
A l'Aide-major, quatre livres deux sols deux deniers.	4.	2.	2.	
Au Sous-aide-major, quinze sols.	0.	15.	0.	

Les compagnies de Mineurs & d'Ouvriers, n'auront pareillement pas de solde pendant le temps qu'elles seront en route & recevront l'étape; il leur sera seulement donné le supplément de solde ci-après, savoir: *Mineurs & Ouvriers.*

A chaque Capitaine en pied des compagnies de Mineurs, trois livres par jour.	3.l	0.s	0.d	*Mineurs.*
A chaque Capitaine en second, dix sols.	0.	10.	0.	
A chaque Lieutenant en premier, quinze sols. . .	0.	15.	0.	
A chaque Lieutenant en second, dix sols. . . .	0.	10.	0.	
A chaque Sous-lieutenant, huit sols.	0.	8.	0.	
A chaque Sergent, huit sols six deniers.	0.	8.	6.	
A chaque Caporal, six sols.	0.	6.	0.	
A chaque Anspessade, quatre sols.	0.	4.	0.	
A chaque Mineur, quatre sols.	0.	4.	0.	
A chaque Apprentif, six deniers.	0.	0.	6.	
A chaque Tambour, trois sols.	0.	3.	0.	
A chaque Capitaine des compagnies d'Ouvriers, trois livres par jour.	3.	0.	0.	*Ouvriers.*
A chaque premier Lieutenant, dix sols.	0.	10.	0.	
A chaque Lieutenant en second, neuf sols. . . .	0.	9.	0.	
A chaque Sous-lieutenant, huit sols six deniers. .	0.	8.	6.	
A chaque Maître-ouvrier, huit sols.	0.	8.	0.	
A chaque Sous-maître-ouvrier, neuf sols six deniers.	0.	9.	6.	
A chaque Ouvrier, huit sols six deniers.	0.	8.	6.	
A chaque Apprentif & Tambour, trois sols six deniers.	0.	3.	6.	

Décompte du linge & chaussure. Entend Sa Majesté que le décompte du linge & chaussure, sur le pied d'un sol par jour à chaque Sergent & Maître-ouvrier, & de six deniers à chaque Haute-paye, Soldat & Tambour des bataillons du Corps royal de l'Artillerie & du Génie, ainsi qu'aux compagnies de Mineurs & d'Ouvriers, leur soit fait comme ci-devant, par le Commis du Trésorier général du Corps royal de l'Artillerie & du Génie, sur ce qui leur reviendra de ce supplément de solde en route, pour le temps que ces troupes auront été en marche.

Suisses & Grisons. Sa Majesté voulant bien permettre aux régimens Suisses & Grisons, de recevoir l'étape en route, son intention est, que dans le cas où ces régimens la prendront, elle leur soit précomptée sur leur solde à leur arrivée aux lieux de leur destination, par le Commis de l'Extraordinaire des guerres, sur le pied, savoir :

A chaque Capitaine en pied, trois livres huit sols par jour.	3.l	8.s	0.d
A chaque Capitaine-lieutenant, trente sols.	1.	10.	0.
A chaque Lieutenant, vingt-cinq sols.	1.	5.	0.
A chaque Sous-lieutenant & Enseigne, une livre.	1.	0.	0.
A chaque Sergent, dix sols.	0.	10.	0.
A chaque Soldat, cinq sols.	0.	5.	0.

Etat-major. Les Officiers de l'Etat-major de chacun des régimens Suisses & Grisons, seront payés pendant le temps de la route, de leurs appointemens, s'ils n'ont point pris d'étape, à raison de mille livres par mois en temps de paix, & de dix-neuf cens soixante livres huit sols lorsqu'ils seront à la paye de guerre ; & dans le cas qu'ils l'auront reçûe, ils la payeront à l'Etapier sur le pied du prix réglé par son marché.

Infanterie Allemande. Jouiront du même avantage les régimens Allemands d'Alsace, Bentheim, la Marck, Royal-Suédois, Royal-Bavière, Lowendal, Bergh, Nassau-Wzingen, Nassau-Saarbruck, la Dauphine, Saint-Germain, Royal-Pologne, & ceux de Boüillon & Royal-Deux-Ponts, levés sur le pied des six derniers régimens Allemands auxquels il sera

pareillement

pareillement permis pendant le temps qu'ils seront en route, de prendre l'étape; & dans le cas où ces régimens la recevront, elle leur sera précomptée sur leur solde à leur arrivée aux lieux de leur destination, par le Commis de l'Extraordinaire des guerres, sur le pied, savoir:

A chaque Capitaine en pied, trois livres par jour.	3.l	0.s	0.d
A chaque Capitaine en second, trente sols. . . .	1.	10.	0.
A chaque premier & second Lieutenant, une livre.	1.	0.	0.
A chaque Lieutenant en second ou Enseigne, quinze sols.	0.	15.	0.
A chaque Sergent, dix sols.	0.	10.	0.
A chaque Soldat, cinq sols.	0.	5.	0.

Etat-major des six premiers régimens Allemands.

Sera aussi permis aux Officiers de l'Etat-major de chacun des régimens Allemands d'Alsace, Bentheim, la Marck, Royal-Suédois, Royal-Bavière & Lowendal, de recevoir l'étape en route; & dans le cas qu'ils la prendront, elle leur sera précomptée sur leurs appointemens, sur le pied, savoir:

A chaque Colonel, trois livres six sols huit deniers par jour.	3.l	6.s	8d.
A chaque Lieutenant-colonel, une livre.	1.	0.	0.
A chaque Major, trois livres six sols huit deniers.	3.	6.	8.
A chaque Aide-major, trente sols.	1.	10.	0.
A chacun des Aumônier, Chirurgien-major, Auditeur & Prevôt, une livre.	1.	0.	0.
A chaque Greffier, dix sols.	0.	10.	0.
A chacun des Tambour-major, Archers & Exécuteur de Justice, cinq sols.	0.	5.	0.

Etat-major des derniers régimens Allemands.

Auront pareillement la liberté les Officiers de l'Etat-major de chacun des autres régimens Allemands de Bergh, Nassau-Wzingen, Nassau-Saarbruck, la Dauphine, Saint-Germain, Royal-Pologne, Boüillon & Royal-deux-Ponts, de recevoir pendant la marche de ces régimens, l'étape; & dans le cas qu'ils la prendront, elle sera précomptée sur leurs appointemens, sur le pied, savoir:

A chaque Colonel, trois livres six sols huit deniers.	3.l	6.s	8.d

	Au Colonel en second du régiment de Boüillon, deux livres.	2.l	0.f	0.d
	A chaque Lieutenant-colonel, une livre.	1.	0.	0.
	Au Major, trois livres six sols huit deniers.	3.	6.	8.
	A l'Aide-major, trente sols.	1.	10.	0.

Royal-Italien & Royal-Corse. Les régimens Royal-Italien & Royal-Corse n'auront point de solde pendant le temps qu'ils seront en route & recevront l'étape; il leur sera seulement donné le supplément de solde sur le pied, savoir:

Compagnies de Grenadiers.	A chaque Capitaine de Grenadiers des régimens de Royal-Italien & Royal-Corse, deux livres par jour.	2.l	0.f	0.d
	A chaque Lieutenant, une livre un sol quatre deniers.	1.	1.	4.
	A chaque Sous-lieutenant, treize sols quatre deniers.	0.	13.	4.
	A chaque Sergent, cinq sols.	0.	5.	0.
	A chaque Caporal, trois sols neuf deniers.	0.	3.	9.
	A chaque Anspessade & Tambour, trois sols quatre deniers.	0.	3.	4.
	A chaque Grenadier, deux sols six deniers.	0.	2.	6.
Compagnies de Fusiliers.	A chaque Capitaine de Fusiliers, une livre treize sols quatre deniers.	1.	13.	4.
	A chaque Capitaine en second, dix-huit sols.	0.	18.	0.
	A chaque Lieutenant en premier, treize sols quatre deniers.	0.	13.	4.
	Au Lieutenant en second, dix sols.	0.	10.	0.
	A chaque Sergent, quatre sols huit deniers.	0.	4.	8.
	A chaque Caporal, trois sols six deniers.	0.	3.	6.
	A chaque Anspessade & Tambour, trois sols.	0.	3.	0.
	A chaque Appointé, deux sols six deniers.	0.	2.	6.
	A chaque Fusilier, deux sols.	0.	2.	0.
E'tat-major.	A chaque Colonel, par jour, douze livres.	12.	0.	0.
	Au Colonel en second de Royal-Corse, trois livres dix sols.	3.	10.	0.
	A chaque Lieutenant-colonel, six livres.	6.	0.	0.
	A chaque Major, sept livres.	7.	0.	0.
	A chaque Interprète qui ne doit point avoir d'étape, cinq livres.	5.	0.	0.

A chaque Aide-major, une livre.	1.l	0.f	0.d
A chaque Maréchal-des-logis, dix fols.	0.	10.	0.
A chaque Aumônier, dix-huit fols huit deniers. .	0.	18.	8.
A chaque Chirurgien-major, cinq fols.	0.	5.	0.
A chaque Prevôt, treize fols quatre deniers. . .	0.	13.	4.
A chacun de leurs Lieutenans, dix fols.	0.	10.	0.
A chaque Greffier, quatre fols fix deniers.	0.	4.	6.
A chaque Archer & Exécuteur de Juftice, deux fols huit deniers.	0.	2.	8.
A chaque Tambour-major, trois fols quatre deniers.	0.	3.	4.

Régimens Irlandois & Ecoffois.

Les régimens d'Infanterie Irlandoife de Bulkeley, Clare, Dillon, Roth & Berwick & les deux d'Infanterie Ecoffoife, de Royal-Ecoffois & Ogilvy, n'auront point de folde pendant le temps qu'ils feront en marche & recevront l'étape; il leur fera feulement donné le fupplément de folde ci-après.

Compagnies de Grenadiers.

A chaque Capitaine de Grenadiers, trois livres dix fols.	3.l	10f.	0.d
A chaque Capitaine en fecond, feize fols huit deniers.	0.	16.	8.
A chaque Lieutenant en premier, deux livres dix fols.	2.	10.	0.
A chaque Lieutenant en fecond, dix fols.	0.	10.	0.
A chaque Sergent, quatre fols.	0.	4.	0.
A chaque Caporal, Anfpeffade, Grenadier & Tambour, trois fols.	0.	3.	0.

Compagnies de Fufiliers.

A chaque Capitaine de Fufiliers, deux livres dix fols.	2.	10.	0.
A chaque Lieutenant en premier, une livre cinq fols.	1.	5.	0.
A chaque Lieutenant en fecond, dix fols.	0.	10.	0.
A chaque Sergent, quatre fols.	0.	4.	0.
A chaque Caporal, Anfpeffade, Fufilier & Tambour, trois fols.	0.	3.	0.

Etat-major des régimens de Bulkeley, Clare & Dillon, & des

Chacun des Colonels des régimens Irlandois de Bulkeley, Clare & Dillon, & ceux de Royal-Ecoffois & d'Ogilvy, auront, par jour, de fupplément de folde en route, douze livres. . . .	12.	0.	0.

régimens E'cossois, Royal-E'cossois, & Ogilvy.

Chaque Lieutenant-colonel, trois livres quinze sols. 3.l 15.s 0.d
Chaque Major, quatre livres trois sols quatre deniers. . . . . . 4. 3. 4.
Chaque Interprète qui ne doit point avoir d'étape, cinq livres. . . . . . 5. 0. 0.
Chaque Aide-major, une livre six sols huit deniers. 1. 6. 8.
Chaque Aumônier, une livre dix sols. . . . . . 1. 10. 0.
Chaque Chirurgien, une livre. . . . . . 1. 0. 0.
Chaque Maréchal-des-logis, dix sols. . . . . . 0 10. 0.
Chaque Capitaine réformé, seize sols huit deniers. 0. 16. 8.
Chaque Sous-lieutenant, dix sols. . . . . . 0. 10. 0.
Chaque Enseigne, une livre un sol. . . . . . 1. 1. 0.

Second Interprète du régiment Royal-E'cossois.

Il sera aussi payé cinq livres par jour au second Interprète attaché au régiment Royal-E'cossois, conformément à l'article III de l'ordonnance du 20 décembre 1748, concernant l'incorporation du régiment d'Albanie; lequel Interprète ne doit point avoir d'étape en route.

E'tat-major des régimens de Roth & Berwick.

L'Etat-major de chacun des deux régimens Irlandois de Roth & Berwick, aura l'étape en route avec le supplément de solde, sur le pied, savoir :

Chaque Colonel, neuf livres sept sols six deniers par jour. 9.l 7.s 6.d
Chaque Lieutenant-colonel, trois livres quinze sols. . . . . . 3. 15. 0.
Chaque Major, quatre livres trois sols quatre deniers. . . . . . 4. 3. 4.
Chaque Interprète qui ne doit point avoir d'étape, cinq livres. . . . . . 5. 0. 0.
Chaque Aide-major, une livre six sols huit deniers. . . . . . 1. 6. 8.
Chaque Aumônier, une livre dix sols. . . . . . 1. 10. 0.
Chaque Chirurgien, une livre. . . . . . 1. 0. 0.
Chaque Maréchal-des-logis & au Prevôt, chacun cinq sols. . . . . . 0. 5. 0.
Chacun des cinq Archers & à l'Exécuteur de Justice, chacun un sol. . . . . . 0. 1. 0.

Les

20. fevrier 1757.

Les deux compagnies d'Infanterie seulement du régiment étranger de Béyerlé, ne seront point assujéties à recevoir l'étape pendant leur marche; mais dans le cas qu'elles voudront la prendre, elle leur sera précomptée sur le pied, savoir:

Deux compagnies d'Infanterie de Béyerlé.

A chaque Capitaine en pied, trois livres par jour.	3.l	0.f	0.d
A chaque Capitaine en second, une livre.	1.	0.	0.
A chaque Sergent & Capitaine d'armes, dix sols.	0.	10.	0.
A chaque Soldat, cinq sols.	0.	5.	0.

L'Officier-major, ou celui chargé du détail à l'arrivée de la troupe dans le lieu de sa destination, remettra au Commis de l'Extraordinaire des guerres, & celui du corps de Royal-artillerie, Mineurs & Ouvriers, au Commis du Trésorier général du corps Royal de l'Artillerie & du Génie, la route en original, pour qu'il puisse former le décompte & en faire le payement, après néanmoins avoir tiré une copie exacte, tant de ladite route sur laquelle la troupe aura marché, que des revûes faites par les Maires & Echevins qui y seront inscrites, & celle du Commissaire des guerres, qui doit être pareillement au dos de ladite route; laquelle copie sera collationnée par un Commissaire des guerres, ou à son défaut par un Subdélégué de l'Intendant: ordonne au surplus Sa Majesté que le payement du décompte ne soit fait qu'après que ladite copie aura été remise au Trésorier par l'Officier-major ou celui chargé du détail, & ledit Trésorier sera tenu de la faire passer sur le champ au Secrétaire d'Etat ayant le département de la guerre.

Veut au surplus Sa Majesté que la fourniture des rations d'étape continue d'être délivrée aux troupes dénommées ci-dessus dans la même composition & quantités de rations réglées par l'ordonnance du 23 juillet 1727, à laquelle Elle ne prétend point déroger à cet égard.

Quoique la subsistance des troupes soit payée sur le pied de trente jours également par chaque mois, sans avoir égard au 31 des mois qui en ont ce nombre, ni au 28 ou 29 de février; cependant lorſqu'elles marcheront ſur leur ſolde le trente-unième jour d'un mois, la ſubſiſtance leur ſera payée pour ledit jour; & ſi c'eſt dans le mois de février, elles ne la recevront que pour autant de jours qu'aura ce mois, ainſi qu'il en eſt uſé pour l'étape.

Cette diſpoſition ne doit point avoir lieu pour les Lieutenans-Colonels d'Infanterie, Cavalerie, Huſſards & Dragons qui doivent recevoir leurs appointemens quoiqu'en route.

X V I.

Logement des gens de guerre.

LES troupes d'Infanterie, Gendarmerie, Cavalerie, Carabiniers, Huſſards & Dragons qui ſeront logées chez les habitans des villes & autres lieux, tant de la frontière que de l'intérieur du royaume, n'y auront que le ſimple couvert, avec des lits garnis de linceuls, & place au feu & à la chandelle de l'hôte, ſuivant ſa commodité.

Défenſe de faire le faux-ſaunage.

DÉFEND Sa Majeſté aux Officiers, Gardes-du-corps, Gendarmes, Chevaux-légers, Mouſquetaires, Cavaliers, Carabiniers, Huſſards, Dragons & Soldats, de prendre aucun ſel dans les pays étrangers, ou dans ceux de l'obéiſſance de Sa Majeſté où la gabelle n'eſt point établie, ni de ſe charger d'aucun tabac ou autres marchandiſes prohibées, pour tranſporter, vendre ou débiter, en telle manière que ce puiſſe être, & à quelque perſonne que ce ſoit, dans les provinces du royaume; à peine aux Chefs & Commandans, de répondre ſur les payes à eux ordonnées, & ſur leurs biens, des dommages qui ſeroient faits aux fermes générales par ceux étant ſous leur charge; & aux Gardes, Gendarmes, Chevaux-légers, Mouſquetaires, Cavaliers, Carabiniers, Huſſards, Dragons & Soldats, d'être punis ſuivant la rigueur des ordonnances contre les faux-ſauniers. Défend auſſi Sa Majeſté à tous ſes Sujets, de quelque qualité & condition qu'ils ſoient, de commettre le faux-ſaunage, ni d'aſſiſter & favoriſer en quelque ſorte que ce ſoit, les gens de guerre qui le commettront, auſſi ſur les peines des ordonnances.

Défend encore Sa Majesté auxdits gens de guerre, d'aller, ni d'envoyer couper, abattre, ni prendre aucun bois dans les forêts & buissons, à qui que ce soit qu'ils appartiennent; d'y chasser à la campagne, en quelque lieu que ce puisse être; de tirer avec fusils ni autres armes à feu, sur les pigeons & sur le gibier, ni pêcher dans les étangs, à peine de punition corporelle : Voulant que les coupables des crimes ci-dessus soient punis par les Prevôts des Maréchaux, & à leur défaut par les Juges ordinaires des lieux, selon la rigueur des ordonnances; sans que les gens de guerre puissent auxdits crimes alléguer aucune exception ni privilége, ni les Juges y avoir égard.

MANDE & ordonne Sa Majesté aux Gouverneurs & Lieutenans généraux dans ses provinces & armées, aux Gouverneurs de ses villes & places, à ceux qui y commandent, aux Commandans & Intendans de ses armées, aux Intendans dans les provinces & sur les frontières, aux Directeurs & Inspecteurs généraux de ses troupes, aux Commissaires des guerres ordonnés à leur police, & à tous autres ses Officiers qu'il appartiendra, de tenir la main à l'exécution de la présente. FAIT à Versailles, le vingt février mil sept cent cinquante-sept. *Signé* LOUIS. *Et plus bas,* R. DE VOYER.

A PARIS, DE L'IMPRIMERIE ROYALE. 1757.